Jörg Zink

Gastliches Haus am Weg

Zum Verstehen des Abendmahls und der Eucharistie

Eschbach

Die Deutsche Bibliothek – CIP-Einheitsaufnahme

Zink, Jörg:
Gastliches Haus am Weg: Zum Verstehen des Abendmahls
und der Eucharistie / Jörg Zink. –
Eschbach / Markgräflerland: Verlag am Eschbach, 2002
ISBN 3-88671-242-7

© 2002 Verlag am Eschbach der Schwabenverlag AG
Im Alten Rathaus / Hauptstr. 37
D-79427 Eschbach / Markgräflerland
Alle Rechte vorbehalten.

Umschlag: Heinz von Arx, Zürich, unter Verwendung
des Fotos »Teilende Hände« von Hans Jürgen Rau, Reichelsheim.
Satz: Satzstudio Karl-Heinz Schumacher, Freiburg i. Br.
Druck: B & K Offsetdruck GmbH, Ottersweier.
Verarbeitung: Großbuchbinderei Josef Spinner, Ottersweier.
Gedruckt wurde auf säurefreiem Papier Classen Rasant Extra.

Das Umschlagbild ist als Eschbacher Textkarte 411 erschienen
unter dem Titel »Teilende Hände« und liegt diesem Buch bei.

Inhalt

I.

Der Schritt über die Schwelle

Es ist lange her. Als ich nach fünf Jahren des Krieges, dreiundzwanzigjährig, aus der Gefangenschaft nach Hause kam, begegnete mir – ich weiß nicht mehr auf welchem Wege – ein Gedicht. Ich wusste damals wie viele meiner Altersgenossen nicht, was ich in der plötzlichen Freiheit, die uns wie eine plötzliche Leere erschien, mit mir anfangen sollte, ob es etwa Ziele gebe, die sich lohnten, wo ich den Ort suchen sollte, an dem etwas wie Heimat war. Die zerstörten Städte spiegelten sich in der Ratlosigkeit, mit der wir in ihnen den Erinnerungen unserer Kindheit nachgingen. Da fand ich ein Gedicht. Es war von Georg Trakl, dem jungen Dichter aus der Frühzeit des deutschen Expressionismus. Er hatte es geschrieben in ähnlicher Bedrängnis zu Beginn des ersten Weltkriegs, ehe er während der Kämpfe bei Bialystok mit siebenundzwanzig Jahren vermisst blieb. Es sprach von einer Heimkehr:

Ein Winterabend

Wenn der Schnee ans Fenster fällt,
lang die Abendglocke läutet,
vielen ist der Tisch bereitet
und das Haus ist wohlbestellt.

Mancher auf der Wanderschaft
kommt ans Tor auf dunklen Pfaden.

Golden blüht der Baum der Gnaden
aus der Erde kühlem Saft.

Wanderer, tritt still herein;
Schmerz versteinerte die Schwelle.
Da erglänzt in reiner Helle
auf dem Tische Brot und Wein.

Georg Trakl (1887 - 1914)

Es berührte mich sehr fremd in seiner Traurigkeit und heimlichen Hoffnung, auch wenn mich seine Schönheit und die Sprache seiner Bilder ergriff. »Schmerz versteinerte die Schwelle«. So müde, so ohne Zugang zum lebendigen Leben standen wir damals vor dem Tor und wussten nicht, was wir uns davon erhoffen sollten, wenn wir eintreten würden.

Das Gedicht beginnt wie eines der vielen abendlichen Lieder mit Fenster und Schnee und Abendglocke. Ein Wanderer kommt »auf dunklen Pfaden«. Aber dann folgt eine Wendung. Da blüht, mitten im Winter, ein goldener Baum »aus der Erde kühlem Saft«. Eine Tür öffnet sich. Der Wanderer hört die Einladung, den Fuß über die Schwelle zu setzen. Das Mysterium von Haus und Tisch, von Licht und Wärme, von Brot und Wein leuchtet auf. Der »Baum der Gnaden« zeigt den Zugang.

Georg Trakl, der tief in der christlichen Gedanken- und Bilderwelt seiner österreichischen Heimat verwurzelt war, spricht von der Eucharistie, dem heiligen Mahl. Die Kirche ist ihm offenbar etwas wie ein Gasthof am Wege, in dem die dunklen Wanderungen der Menschen zu einem zeitweiligen Ziel und zur Ruhe kommen. Als Gäste treten sie ein. Drinnen stehen die Helfer des Hausherrn, die ihren Dienst tun, sie zu empfangen und zu bewirten und dabei darauf zu achten, dass jeder von ihnen einen Platz findet an einem Tisch. Als Zeichen der Einladung aber steht vor dem Eingang der Baum. Vielleicht hätte Trakl die Kirche als »Wirtshaus zum goldenen Baum« beschrieben.

Es ist rund um die Erde wohl allen Völkern und Kulturen gemeinsam, dass sie das Menschenleben mit einer Wanderung vergleichen, einem Weg, der irgendwoher kommt und irgendwohin führt. In ihren Märchen und Mythen kehrt das Bild immer wieder, wie Menschen aufbrechen, wie sie an Kreuzwegen ratlos stehen, wie sie den richtigen oder den falschen Weg wählen, wie sie umkehren und aus dem Irrweg zurückzufinden suchen und wie sie, wenn der Weg steinig wird oder steil oder sich zu lang hinzieht, sich am Straßenrand oder an einem Brunnen niedersetzen und ruhen. Wie sie immer wieder Mut fassen aufzubrechen und weiterzugehen, und wie sie immer wieder müde auf einem Stein sitzen bleiben. Wenn aber ihr Geschick ihnen freundlich ist, finden sie am Weg ein gastlich offenes Haus, freundliche Menschen, einen schützenden Raum und einen Tisch. Sie setzen sich, so könnte man das Bild von der Wanderung abschließen, sie essen, trinken, tauschen sich aus. Und immer wieder müssen sie Abschied nehmen und, wenn auch mit oft viel zu geringen Kräften, das nächste Stück ihres Weges unter die Füße nehmen.

Die ersten Christen verstanden ihr Leben und ihren Auftrag als eine Wanderung. Sie nahmen eine Wegzehrung mit. Eine sehr einfache, Brot und Wein. Sie fanden sich zusammen und boten sie einander an. Sie wussten: Wir gehören zusammen. Wir werden ein Ziel erreichen. In dieser einfachen Wegzehrung ist uns der nahe, der uns führt, der uns begleitet, der uns behütet.

Durch zweitausend Jahre hin bauten die Christen auch die gastlichen Häuser. Ihre Kirchen und Dome. Dort liegt nun wieder auf dem Tisch das Brot. Dort steht wieder der Krug mit Wein. Und sie feiern die Ruhe, die Geborgenheit, sie feiern das Essen, sie nehmen sich Zeit, erzählen einander, singen und musizieren miteinander. Sie sprechen ihren Dank aus. Sie segnen einander und verlassen den festlichen Raum, um draußen ihren Weg fortzusetzen. Wenn wir hier die Kirche als ein Gasthaus verstehen, dann kann an ihr nicht der monumentale Bau das Wichtige sein, nicht der feierliche Raum und nicht der Schmuck. Wichtig ist das Kommen und Gehen, die Begegnung, das Reden, das Hören, das Gespräch. Der einfache Tisch. Aber das schlichte Essen deutet uns den ganzen Hintergrund hinter den Wegen und den Schicksalen der versammelten Menschen. Es zeigt, was sie am Leben hält auf ihren Wegen über diese Erde. Es zeigt das Ziel an, auf das sie am Ende zugehen: das Haus und den Tisch des Vaters.

Wenn ich hier für die kurze Zeit, in der Sie dieses Buch lesen, sozusagen als Wirt unter der Tür stehe und Sie willkommen heiße, dann frage ich Sie nicht, ob Sie katholisch seien oder evangelisch oder vielleicht noch etwas anderes. Sie kommen, und sie sind mein Gast und Hausgenosse. Ich höre Jesus sagen: »Wer zu mir kommt, den werde ich nicht hinausstoßen« (Johannes 6,37), und versuche, ein wenig ihm, dem großen Gastgeber, seiner Liebe und seiner Freiheit ähnlich zu sein.

Natürlich wissen Sie, mindestens der Spur nach, was in einer Feier der Eucharistie oder des Abendmahls geschieht. Es steht ein Kelch mit Wein auf dem Altar, ein flacher Teller mit Brotstücken oder Oblaten. Ein Mann oder eine Frau spricht die uralten, immer gleichen Worte. Er oder sie lädt ein, verteilt, spricht einen Segen. Aber vieles bleibt undeutlich. Was ist das nun, dieses Brot, das da ausgegeben wird? Wie ist das mit der Vergebung der Sünden, von der da gesprochen wird? Was meint dieses Bekenntnis zum »dreieinigen Gott«. Was ist mit dem »Lamm« gemeint, das »der Welt Sünde trägt«? Fragen begleiten uns von Anfang bis Ende.

Und worauf geht das Ganze zurück? Wie kam es dazu? Das wissen wir, jedenfalls so klar, wie man etwas lange Vergangenes wissen kann. Am Abend vor seinem Tod versammelte Jesus seine Freunde zu einem Essen. Dabei zeigte er ihnen ein Stück Brot und sagte: Das bin ich. Er bot Wein an mit den Worten: Das bin ich. Er erklärt nicht, wie er das meine. Er gibt keine Deutung. Was aber diese beiden kurzen Worte sagen wollen, darüber machen sich die Christen seit jenem Anfang ihre Gedanken. Wie soll man sich das vorstellen? Kommt irgendetwas zum Brot hinzu? Verwandelt sich etwas an ihm? Ist es symbolisch gemeint? Was mag es bedeuten, wenn wir von einem Symbol reden? Immer wieder hat die Christenheit eine Deutung versucht, und um diese Deutungen geht bis heute das Gespräch, bisweilen auch der Streit.

Alle Deutungen sind Versuche. Sie werden in unseren menschlichen Köpfen angestellt. Sie sind nicht die Sache selbst. Wir haben ja nur das kurze Wort: »Das bin ich.« Deutungen wandeln sich in langen Zeiträumen. Sie sind verschieden von Ort zu Ort, und keine von ihnen wird die ganze Wahrheit jemals einfangen können. Manche von ihnen führen näher zur Mitte, andere führen ins Abseits. Nie werden wir der Wahrheit näher kommen als die gewagten Versuche unseres Menschengeistes es vermögen. Auch was ich in diesem Buch versuche, ist eine Deutung. Es ist die meiner Kirche, der evangelischen, und es ist meine persönliche, die sich mir in vielen langen Gesprächen mit Christen aus vielen Kirchen ergeben hat. Zuletzt aber wird es für Sie selbst darauf ankommen, dass Sie mit Hilfe Ihres eigenen Nachdenkens der Wahrheit näherkommen und dass sie das Vertrauen finden, es werde Ihnen hier etwas gegeben, das Ihnen zum Leben hilft. Dass Sie essen und trinken und danach Ihren Weg finden.

Erlauben Sie mir also, dass ich Sie durch diese Feier geleite, da und dort stehen bleibe nach Art eines Fremdenführers, dies oder jenes besonders hervortreten lasse, das eine oder andere kurz streife und dass ich dabei von dem rede, was für Sie wichtig ist. Vielleicht wird Ihnen am Ende dies oder jenes begreiflicher, näher, vertrauter. Nichts aber geht auf die Schnelle. Alles bedarf jener Nachdenklichkeit, die wir Christen zu den Merkmalen des Glaubens zählen.

Auf einer Ferienfahrt kommen Sie vielleicht gelegentlich auf einen der alten Plätze, an deren Stirnseite sich einer der grandiosen romanischen oder gotischen Dome mit seiner staunenswerten Architektur erhebt, mit seinen Toren und Torbögen, mit seinen Figurengalerien, seinen Rosetten, seinen Streben und Fialen. Bleiben Sie einfach stehen, längere Zeit, auch wenn um Sie her der Verkehr lärmt und drängt. Es lohnt sich. Und versuchen Sie, sich jedes einzelne Element eines solchen Bauwerks zu vergegenwärtigen. So geduldig vielleicht, dass Sie es am Ende in seinen wichtigsten Linien zeichnen könnten. Eine solche Fassade hat ja nicht nur etwas Einladendes, sondern auch etwas Abwehrendes. Sie richtet sich gegen Westen, der Chor gegen Osten. Der Osten ist für das menschliche Empfinden der Ort, von dem das Licht herkommt. Der Westen der Ort des Untergehens, das Reich auch überhaupt der Dunkelheit. Für die Baumeister des Mittelalters war der Westen auch das Reich des Bösen, des Bedrohlichen, der dämonischen Mächte. Darum beherrschen so oft Darstellungen des Jüngsten Gerichts diese Fassaden. Darum steht Christus, der Kämpfer gegen das Böse, so beherrschend in ihrer Mitte. Er macht den Raum, der sich hinter der Fassade öffnet, zu einer Zone der Geborgenheit und der Stille. Zu einem Raum, in den sich der bedrohte Mensch flüchten kann.

Stellen Sie sich also vor, Sie gehen durch eine abwehrende Wand in einen geschützten Raum, wenn Sie langsam auf das Portal zugehen. Begrüßen Sie die einzelnen Steinfiguren, die Ihnen entgegentreten, die Engel oder die Heiligen. Und setzen Sie den Fuß bewusst auf die breite Schwelle, an der die Menschen seit Jahrhunderten ihre Spuren hinterlassen. Lassen Sie alles hinter sich, was den Platz füllt, die Straße mit ihrer aufdringlichen Wichtigkeit. Gehen Sie bewusst durch die Grenze zwischen draußen und drinnen.

Sie gelangen meist in einen engen und dunklen Vorraum und stehen vor einem zweiten Portal. Aber hinter der zweiten Schwelle öffnet sich Ihnen ein großer, hoher und festlicher Raum. Sie bleiben wieder eine Weile stehen und gehen dann den Weg weiter zwischen den Reihen der Säulen und der Pfeiler, vorbei an farbigen Fenstern. Figuren stehen auf ihren Konsolen und erzählen Ihnen auf ihre stumme Weise irgendeine Geschichte. Und schließlich stehen Sie vor einigen Stufen, über denen ein Tisch steht.

Wenn Sie nun eine Feier der Eucharistie, des heiligen Abendmahls mitbegehen und sie mit Ihren Gedanken begleiten, werden Sie bemerken, dass Sie eine gewisse Ähnlichkeit hat mit der Architektur eines solchen Baus. Sie hat feste Pfeiler von Texten, die seit Urzeiten ohne jede Veränderung gesprochen werden, bunte Fenster aus Musik, die ihr Licht und Farbe geben, verspielte Figuren von je neuen und eigenen Worten, einen konsequenten Weg von einem Eingang bis zu einem Tisch, den Sie mitgehen wie auf dem Mittelgang einer solchen Kirche. Sie kommen zur Ruhe, Sie atmen mit in dem Raum, der sich Ihnen auftut. Sie hören, Sie antworten, Sie kommen zu einem Tisch und gehen am Ende, gesegnet, zurück zu dem Ausgang, der Sie auf die Straße zurückbringt.

Was die Feier als ein heiliges Spiel mit der Architektur des Raums verbindet, das sind die vielen Zeichen, Symbole, Gesten und Bewegungen, die Sie sehen. Da wird, wie das Kreuz über dem Altar steht, einer mit der rechten Hand ein Kreuzzeichen schlagen. Da wird, wie der Chorraum weit und rund hinter ihm steht, einer oder eine die Arme breiten als Zeichen des Segens, den er weitergibt. Da wird einer lange und ruhig stehen wie die Pfeiler um ihn her. Da wird er vielleicht knien, um anzubeten, wie der ganze Kirchenraum sich hinwendet zu der einen Stelle, dem Altar. Da werden Kerzen stehen und brennen als Symbole für den, dessen Bild vor dem Feiernden steht und der von sich sagt: »Ich bin das Licht der Welt.« Da wird einer oder eine ein festliches Gewand tragen, wie auch der ganze Raum festlich ausgestaltet und ausgemalt ist. Und da wird Musik ertönen, als schwänge der ganze Raum mit Pfeilern und Gewölben mit. Festliche, strahlende Musik. Und da werden die Menschen mit dem ganzen Raum zusammen singen oder gemeinsam sprechen. Und da wirst du selbst ruhen in der Stille des Raums oder stehen mit all den Figuren, die an den Säulen stehen, als ein Stück der Architektur dieser Gemeinde. Nimm es alles auf. Und nimm dich selbst an. Du bist ein Teil des Festes, das hier und in dieser Stunde gefeiert wird.

II.

Eine Geschichte von anno dazumal

Ich schlage vor: Wir setzen uns nach dem Eintreten, ehe wir weitergehen, eine kleine Weile in eine der Bänke, nahe dem Mittelgang, und erinnern uns an eine alte Geschichte. Eine Geschichte über den Hausherrn, der hier zur Feier einlädt. Ich setze mich zu Ihnen und erzähle.

Wie die Geschichten aus dem Neuen Testament ihn schildern, muss Jesus ein merkwürdiger Heiliger gewesen sein. Er hatte es besonders gerne mit Menschen zu tun, die auf irgendeine Weise zu kurz gekommen waren, nicht mit den Reichen, nicht mit den Gebildeten, mit den Mächtigen schon gar nicht oder mit denen, die in den Dörfern seiner Heimat das Sagen hatten. Natürlich sprach er mit allen, und natürlich galt, was er sagte, auch ihnen. Aber seine eigentliche Liebe galt den Vernachlässigten, den Verlassenen, den Abgeschriebenen. Seine ganze Wärme galt denen, die in der damaligen Gesellschaft sozusagen froren. Auch den Betrügern, den Mitläufern der römischen Besatzungsmacht, den Dirnen, und vor allem den Frauen in ihrer Rechtlosigkeit. Manchmal lud ihn einer von ihnen zum Essen ein, und wenn sich das herumsprach, kamen auch andere fragwürdige Gestalten dazu, die in den Augen des frommen Juden »unrein« waren. Mit einem unreinen Menschen zu essen, machte aber auch den Reinen unrein. Wer mit einem Gesetzlosen aß, wurde selbst zu einem Verächter des Gesetzes. Er steckte sich sozusagen an mit dessen Verworfenheit und dessen Unglauben.

Solche gemischten Mahlzeiten waren offenbar das Charakteristische an seinem öffentlichen Auftreten. »Schaut hin!«, rief man einander vor dem Haus zu, »was ist dieser Mensch ein Fresser und Weinsäufer! Und das noch zusammen mit Betrügern und Gottlosen!« (Matthäus 11,19)

Das war sein Markenzeichen, dass er sich mit jedem gemein machte. Was er damit zeigen wollte, das war eine neue, eine andere Welt. Es war eine Menschheit, die anders lebte, als sie es durch ihre lange Geschichte hin getan hatte. Er sprach vom »Reich Gottes« und meinte damit neben anderem auch eine geschwisterliche Menschengemeinschaft. Er sagte: »Schaut her! Das geht! Das ist möglich, wenn ihr nur wollt!« Und so feierte er mit seinen fröhlichen Mahlzeiten die Zukunft vorweg, unbekümmert um Kritik und Widerstand, frei und gesellig und so laut, dass sie bei den Bedächtigen und Sittenstrengen in den Dörfern Anstoß erregten. Mit diesen Gastmahlen in den armseligen Dörfern malte er eine große und leuchtende Hoffnung an die grauen Wände der Hütten und ein freundliches Bild von einem Gott, der ein Vater aller war, auch dieser Geringen. Ja, er verglich diese Mahlzeiten oft mit einem Hochzeitsfest, bei dem Menschen, die einander bisher fremd oder zerstritten waren, sich fanden zu einer bleibenden Gemeinschaft, bei dem sie gemeinsam mit Gott zusammengeführt wurden, und bezeichnete sich selbst als den Bräutigam, der seine Braut, die Menschen, heimführt.

Später, nach seinem Tod, wird von eigentümlichen Begegnungen mit ihm erzählt, durch die seinen Freunden die Erkenntnis aufgeht, er lebe. Er sei auferstanden. Und da findet nun das letzte Mal ein solches Begegnen an einem Tisch statt. Zwei von den Freunden treffen einen Fremden, betreten mit ihm zusammen ein Haus, setzen sich zu Tisch und erkennen, zu ihrem Schrecken oder zu ihrer Freude, dass der Fremde der auferstandene Jesus war. Aber woran erkannten sie ihn? Nicht an seinem Aussehen, nicht an seinem Gesicht, an seinem Gang, an seiner Stimme, – sie erkannten ihn »an der Weise, wie er das Brot brach« (Lukas 24,35). Mit dem Brot-Brechen hatte jede seiner Mahlzeiten begonnen, und es muss eine charakteristische Weise gewesen sein, wie er das tat. Durch die ganze Zeit ihres Wanderns mit dem Meister muss er es so, in seiner besonderen Art, getan haben.

Wenn sie also, wie wir uns bei jeder Feier des Abendmahls, der Eucharistie, erinnern, am letzten Abend vor seinem Tod zum Abendmahl zusammenkamen und Jesus »das Brot brach«, so sahen sie nichts Neues, es geschah, wie es immer geschehen war. Neu war nur das Wort, das er dazu sprach: »Das ist mein Leib«, was hieß: »Das bin ich.« Er tat, was er unzählige Male getan hatte. Er brach das Brot, sprach den jedem Juden vorgegebenen Brotsegen: »Gesegnet seist du, Herr, König der Welt, der du Brot aus der Erde wachsen lässest.« Indem er das Brot brach, zeigte er, dass alle, die mit am Tisch waren, an einem gemeinsamen Brot teilhatten, dass sie eine Brot-Gemeinschaft waren.

Mit diesem Zusammenhang zwischen den Mahlzeiten in Galiläa, dem letzten Abendmahl und dem Mahl in Emmaus mit dem Auferstandenen bekommen wir etwas sehr Wichtiges zu fassen: Für uns ist das Muster unserer Eucharistiefeier das letzte Abendmahl. Es ist eine Feier im Gedenken an sein Leiden und seinen Tod. Es liegt über unserem Abendmahl eine Last, eine Trauer. Etwas Schweres, Dunkles, das vor allem dem evangelischen Abendmahl immer noch anhaftet. Wenn aber jenes letzte Mahl nicht nur Abschied ist, nicht nur von Angst bestimmt und von Beklemmung, sondern zugleich zurückverweist auf die vielen fröhlichen Mahlzeiten mit den Menschen in den Dörfern von Galiläa, wenn ihre Hoffnung hereinspielt, ihre Dankbarkeit, ihr Aufatmen, ihr Mut, sich aus dem Elend zu erheben und sich selbst als geliebte Töchter und Söhne Gottes zu verstehen, dann kann in unseren Feiern auch ein ganz anderer, ein festlicher Geist leben. Schließlich heißt »Eucharistie« »Dankfest«. Und vor allem, wenn sich die Szene vom letzten Abend wiederholt im Licht des Ostertages, dann überwindet der Glaube an die Auferstehung, die Auferstehung Jesu und unsere eigene, die ganze leidvolle Leidensgeschichte mit seinem in die Zukunft ausstrahlenden Glanz.

Dass also die Feier des heiligen Abendmahls Leid und Freude zugleich umfasst, überwundenes Leid und überwindende Dankbarkeit, und dass wir es fröhlich und zuversichtlich feiern dürfen und es nicht bedrückt durchstehen müssen, das wollte ich Ihnen doch noch sagen, ehe wir weitergehen. Und wenn Sie irgendwann einmal in dieser Stunde meinen sollten, das alles gelte nicht für Sie, dann denken Sie an die Geschichte von den festlichen Mahlzeiten Jesu mit den Armen von Galiläa. Aber nein, eigentlich möchte ich nicht mehr das distanzierte »Sie« gebrauchen, sondern das nahe »Du«. Also stehen wir auf, komm!

Wenn wir nun unseren Weg beginnen durch das lange Kirchenschiff, dann kannst du für dich allein oder mit mir zusammen sprechen, was ich einmal versucht habe, in einen Liedvers zu fassen:

Von langen Straßen, mühsamen Wegen
kommen wir, Gott, nun komm uns entgegen,
öffne die Tür und lass alle Müden
ruhen in dir, ruhen im Frieden.
Fern war das Ziel, lang war die Zeit.
Ruhen. Ruhen. Mach uns zu neuem Wandern bereit
in deiner Kraft, mit deinem Segen,
bis wir dich finden in Ewigkeit.

Aber nun beginnt die Feier. Sie beginnt wie der Gang durch ein Portal und besteht in wenigen Worten, die am Altar vorn ein Mann spricht oder eine Frau:

Im Namen des Vaters
und des Sohnes
und des heiligen Geistes. Amen.

Er oder sie sagt damit: Ich eröffne die Feier. Eigentlich ist es Gott selbst, der sie eröffnet. Ich stehe »in seinem Namen« da, das heißt stellvertretend für ihn, beauftragt von ihm. Ich rede, was »in seinem Namen« zu sagen ist. Ich lade ein, wie Jesus eingeladen hat. Ich rede, was Gottes Geist euch allen sagen will.

Was der Sinn dieses dreifachen Redens von Gott dem Vater, dem Sohn und dem Geist ist, darüber will ich nachher noch etwas sagen (siehe S. 49 ff.). Jetzt ist nur wichtig: Hier geht es nicht um irgendetwas. Um irgendeine Veranstaltung, um ein Schaustück oder eine Pflichtübung. Hier geht es um das Ganze. Um das Große, das Heilige. Auch um dein ganzes Menschenleben, um den Sinn dessen, dass es dich gibt. Um den Sinn deines Wegs. Um den Auftrag, den Gott dir auf deinen Weg mitgegeben hat. Hier finden Gott und die Menschenseele zusammen, die Menschenseele, wie sie aus der Hand Gottes hervorging und wie sie wieder zu ihm zurückfinden wird. Auch Gott und du selbst finden sich. Der Gang durch das Portal dieser wenigen, gewichtigen Worte ist wie der erste Schritt auf einem großen Weg.

III.

Komm, du Lump!

Es kann nicht ausbleiben, dass ich, wenn ich in einem solchen Raum und am Beginn einer solchen Stunde stehe, anfange, über mich selbst nachzudenken. Wir passen ja nicht in jede Situation. Passe ich hier dazu? Eigne ich mich zum Mitspieler in diesem festlichen Spiel? Wer bin ich überhaupt, dass mich hier ein fremder Mensch anspricht? Und dass er von mir so freundlich denkt, dass er mir sagt: Du bist eine Tochter, ein Sohn Gottes? Sollte ich nicht gleich wieder unauffällig aufstehen und hinausgehen?

Mir begegnet die Güte Gottes. Was verändert sie denn an mir? Entspricht dem, wie es doch eigentlich sein müsste, die Güte, die von mir ausgeht? Die Tür steht mir offen. Wie offen und zugänglich bin ich selbst? Ich empfange, was mein Leben reich macht. Macht es mich wirklich reich oder lässt es mich arm oder gar ärmlich? Mir tritt Gott als der Gebende entgegen. Spiegelt sich dieser Urvorgang des Gebens auch in mir oder kennzeichnet mich nicht doch weit eher die verkrampfte Geste des Zuhaltens und Verwahrens? Macht mich die große Gemeinschaft, in die ich aufgenommen werde, zu einem Menschen, der fähig ist, sich für ein gemeinsames Leben hinzugeben? Ich finde hier das Große, das Ganze. Ist nicht mein eigener Zustand doch immer noch der der Widersprüchlichkeit, der Gespaltenheit? Friede nimmt mich auf. Geht nun Frieden aus von mir? Es sind nicht eigentlich die moralischen Details, die mich vor mir selbst fragwürdig machen, nicht die kleinen Lügen und die kleinen Gemeinheiten, sondern das Ganze, das mein Ich ausmacht.

Du kannst nun sagen: Das ist wieder die typische christliche Selbstzerfleischung. Aber wenn du es genau ansiehst, bemerkst du, dass es etwas ganz anderes ist. Es ist nicht Selbstzerfleischung, sondern Selbstannahme. Der Verzicht auf Selbstbetrug und Selbstbeschönigung. Es ist die Selbstannahme, ohne die keine innere Freiheit entsteht und kein innerer Friede gedeiht. Selbstannahme vor dem Gott, dem gegenüber kein Betrug Sinn hat. Das Wort »Sünde« hängt mit »sondern«, »trennen« also, zusammen. Wenn aber nicht Gott selbst die Spaltung zwischen mir und mir selbst aufhebt, wenn nicht er selbst den Streit in mir beendet, dann werden auch die tausend Spannungen und Trennungen zwischen den Menschen und mir, die zwischen den Geschöpfen der Erde und mir, vor allem aber die zwischen Gott und mir nicht beendet, nicht aufgehoben werden können.

Darum spricht der oder die am Altar Stehende ein »Sündenbekenntnis«, das etwa anfängt mit den Worten: »Ich bekenne vor Gott, dass ich gesündigt habe in Gedanken, Worten und Werken« und das dann von dem spricht, was uns ungeeignet machen will zu einem Fest und unfähig zum Frieden. Danach sagt er dir und mir zu, wozu Gott ihm die Vollmacht gibt: »Dir sind deine Sünden vergeben.« Damit sagt er: Fang neu an! Komm! Der Tisch ist auch für dich gedeckt.

F*ulbert Steffensky* hat einmal auf einem evangelischen Kirchentag etwas erzählt, das hierher gehört und das ich mit Vergnügen zitiere, nicht nur, weil das obere Donautal für mich ein Stück Heimat ist:

»Als ich Student war, habe ich einmal mit einem Freund eine Wanderung durch das obere Donautal gemacht. Wir waren lange unterwegs, wir hatten kein Geld mehr, und wir hatten Hunger. Schließlich kamen wir in einen Ort, in dem auf einem Bauernhof eine große Hochzeit gefeiert wurde. Wir witterten unsere Chance und schlichen uns in die Hochzeitsgesellschaft ein. Man hielt uns für ärmliche Vettern der Braut. Wir waren nicht geladen, wir hatten kein hochzeitliches Gewand. Aber wir aßen und tranken und wurden satt. Ganz hat man uns nicht getraut. Aber mit einem Augenzwinkern ließ man uns.

Was hat das mit dem Abendmahl zu tun? Alles! Wir sind nicht die Hersteller unserer Würde für dieses Mahl. Gott zwinkert mit dem linken Auge und sagt: Komm her, du Lump! Iss und trink und tanze, soviel du willst! Gottes Augenzwinkern stellt unsere Würde her, nicht unsere sittliche Reife, unsere theologische Erkenntnis und nicht unsere Frömmigkeit. Daraus folgt ein Wunsch: Schließt niemanden von diesem Mahl aus, der Hunger hat!«

In der Tat: Wie ging es denn zu, wenn Jesus die Bauern und die Fischer und die Hausfrauen von Kapharnaum oder Bethsaida an einen Tisch rief? Im Grunde denkbar einfach. Er lud sie ein, vielleicht mit Worten wie: »Komm du auch! Und du! Du gehörst zu uns. Ich möchte mit dir ein Fest feiern. Es ist alles gut. Lass, was du getan hast oder was dich quält, vor der Tür liegen und komm herein!« Die Einladung bedeutete: Du bist mir recht. Du bist mein Freund. Meine Schwester. Mein Bruder. Eigentlich war die Einladung zugleich immer auch schon die »Sündenvergebung«. Denn zu jener Zeit bedeutete Tischgemeinschaft, dass die Gottesbeziehung des Hausherrn für alle mitgalt, die am Tisch saßen. War der Hausherr und Gastgeber eins mit Gott, so war es auch der Gast an seinem Tisch. Niemand von den Eingeladenen musste bei Jesus beweisen, dass er würdig war, keiner ein Bußbekenntnis sprechen. Wichtig war allein, dass er der Einladung folgte. Keinem wurde eine Vergebung seiner Sünden ausdrücklich zugesprochen, es genügte, dass Jesus ihn freundlich in seine Tischgemeinschaft aufnahm. Die Einladung selbst war die Vergebung der Sünden.

Wenn also zu Beginn einer Eucharistiefeier einmal kein Sündenbekenntnis gesprochen und keine Vergebung zugesagt wird, dann ist auch das durchaus sachgemäß. Denn so sehr steht unser brüchiger Zustand nicht im Zentrum der Feier, dass unbedingt von ihm geredet werden müsste. Im Zentrum steht die Einladung durch den Gott, der uns liebt.

Im Zentrum steht das Heil, das uns tröstet. Im Zentrum steht die Gemeinschaft derer, die miteinander am Tisch Gottes sitzen. Im Zentrum steht die Hoffnung auf die ewige Welt, in die wir vorausschauen, und die Begegnung mit dem lebendigen Christus.

Noch eins: Unendlich viele Menschen haben unter einem bestimmten Wort gelitten, das der Apostel Paulus im 1. Brief an die Korinther geschrieben hat. Es klingt noch heute vielen, die es hören, erschreckend in den Ohren und hindert sie, fröhlich und unbefangen mitzufeiern. Es lautet: »Wer unwürdig vom Brot isst und aus dem Kelch trinkt, der macht sich schuldig am Leib und am Blut des Herrn. Denn wer ihn so isst und trinkt, der isst und trinkt sich selbst zum Gericht.« (1. Korinther 11, 27-29)

Wir können nicht wissen, wie es damals zuging in Korinth, dass Paulus ein so schweres Geschütz auffuhr. Aber das möchte ich klar sagen: Für einen Menschen, der sich davor ängstet, dieses Wort könne ihm gelten, gilt es mit Sicherheit nicht. Was macht uns denn »würdig«, am heiligen Mahl teilzunehmen? Was machte denn die Leute in Galiläa damals würdig mit Jesus am Tisch zu sitzen? Doch nicht ihre Heiligkeit! Doch nicht ihre weiße Weste, doch nicht ihre gepflegten Tischsitten! Würdig machte sie Jesus, indem er sagte: »Komm! Setz dich!« Was machte seine Jünger am letzten Abend vor seinem Tod würdig? War es ihre besondere Begabung, ihr besonderer Glaube? Vielleicht schon eher die Tatsache, dass ihnen Jesus vor dem Mahl die Füße wusch. Vor allem aber waren sie die Einbezogenen, die Gerufenen, zu denen Jesus gesagt hatte: »Folgt mir nach!« Sie alle waren würdig, weil ihnen die Liebe Gottes entgegenkam. Und wenn du an dir selbst irre wirst, dann höre das: Die Liebe Gottes kommt dir entgegen. Komm! Lass dich einladen. Du gehörst zu denen, die Jesus zu sich gerufen hat.

Aber weiter: Was änderte sich in den Menschen, die Jesus zu sich holte? Da müsste ich nun wieder ein paar Geschichten erzählen. Zum

Beispiel die Geschichte von dem Gelähmten, zu dem Jesus sagte: »Steh auf! Geh nach Hause!« (Matthäus 9,18). Oder die Geschichte von jener verkrümmten, gebückt gehenden Frau, die sich unter seinem Wort aufrichtete (Lukas 13,10-13).

Es ging bei Jesus immer darum, dass irgendein Mensch einen neuen Anfang fand. Er heilte die Menschen. Wie er seine Heilungen bewirkte, das sagte er nicht. Die anderen, die es erlebt hatten, wussten es nicht zu erklären. Und die Heilung betraf immer den ganzen Menschen, auch seine Seele, auch seinen Geist, auch sein Gewissen. Der Sinn einer Heilung war ihm die aufrechte, heile, freie Gestalt eines Menschen, der nun tätig, zuversichtlich und dankbar seinen Tag bestehen konnte. Der fähig war, sich mitzufreuen, wo es etwas zu feiern gab. Es hat durchaus seinen Sinn, dass man in der alten Kirche zu sagen pflegte, das Abendmahl sei ein »Heilmittel zum ewigen Leben«. Der Mensch aber, der aufsteht zu seiner eigenen, aufrechten, freien Gestalt, das bist du, wenn du es sein willst. Komm also in Frieden.

So erhebt sich zu Beginn der Feier das »Kyrie«, gesungen in der griechischen Form, in der er vor fast zweitausend Jahren zum erstenmal laut geworden ist:

Kyrie eleison.
Christe eleison.
Kyrie eleison.

Herr, erbarme dich.
Christus, erbarme dich.
Herr, erbarme dich.

Der kurze Ruf ist wie ein Schrei aus der Tiefe. Aus der Tiefe von Schmerzen und Verwundungen, Enttäuschungen und Selbstzweifeln. Er klingt, als gebe es keinen Ausweg und keine Zukunft.

Es hat etwas Grandioses an sich, wie die großen Messkompositionen von Bach oder Mozart oder Bruckner oder den vielen anderen dieses kurze Lied in eine leuchtende, eine strahlende Musik hüllen, so, als wollten sie sagen: Es ist doch alles gut! Gott hat sich doch längst erbarmt! Was rufst du ihn noch? So, als liege in diesem »Kyrie« schon die Antwort: Ja, ihr geht einem Tag entgegen, an dem euer Elend in einem großen Lobgesang ausklingen wird!

IV.

Das »Gloria« der Engel

Das Fest kann also beginnen, und es beginnt mit dem großen Hymnus, den wir das »Gloria« nennen:

Ehre sei Gott in der Höhe
und Friede auf Erden
den Menschen seiner Gnade.

Wir loben dich,
wir preisen dich,
wir beten dich an,
wir rühmen dich und danken dir,
denn groß ist deine Herrlichkeit:
Herr und Gott, König des Himmels,
Gott und Vater, Herrscher über das All.

Herr, eingeborener Sohn, Jesus Christus,
Herr und Gott, Lamm Gottes, Sohn des Vaters,
du nimmst hinweg die Sünde der Welt:
erbarme dich unser.
Du nimmst hinweg die Sünde der Welt:
nimm an unser Gebet.
Du sitzest zur Rechten des Vaters:
erbarme dich unser.

Denn du allein bist der Heilige,
du allein der Herr,
du allein der Höchste:
Jesus Christus,
mit dem Heiligen Geist,
zur Ehre Gottes des Vaters.
Amen.

Wir erinnern uns. Seit Kindertagen ist uns die Geschichte vertraut: Hirten saßen draußen auf dem Feld bei Bethlehem. Ihnen erschien in der Nacht ein Engel, der ihnen sagte, drüben in der Stadt sei der geboren, der der Erde das Heil bringt, den Frieden und die Gerechtigkeit. Und danach, so wird erzählt, habe ein Chor von Engeln zusammen gesungen:

Ehre sei Gott in der Höhe
und Frieden auf Erden
euch Menschen, den Gottgeliebten.

Lukas 2,14

Worüber waren sie denn so beglückt, die Engel? Was gab diesem Lied seinen Sinn und seine Berechtigung? Nichts weiter, als dass ein Kind zur Welt kam. In einem Stall, der vermutlich eine der vielen Höhlen in den umgebenden Bergen war, zwischen den Tieren und in der Armut seiner Eltern, die es in Empfang nahmen, kam ein Mensch zur Welt, den armseligen Menschen in ihrer banalen Alltagswelt zuliebe. Darin lag die Hoffnung, es werde für sie einen Frieden geben, der aus einer höheren Hand kam und der sie auf ihrem Lebensweg, irgendwann später, geleiten würde.

In den alten Worten, die sich wie ein Kindermärchen anhören, liegt viel verborgen. Es liegt ein Jubel in ihnen, der singt: Es gibt ein Licht, so viel Finsternis wir immer durchlebt haben. Mitten in der Nacht beginnt der Tag. Das ist das Einzige, das uns bei aller Angst und Sorge für unser künftiges Leben gewiss ist. Und hören wir auf das Wort des erwachsenen Jesus, der dieses Kind war, so sagt uns dieser zarte, schmale, zerbrechliche Mensch:

Ich nehme dir die Last ab, die du trägst. Deine Ratlosigkeit. Deine Verlassenheit. Deine Angst. Setze Schritt vor Schritt. Ich gebe dir Kräfte. Ich heile dich. Ich mache dich zu einem freien, zuversichtlichen Menschen. Ich stelle dir ein Bild der Zukunft vor Augen, das so ist, dass du entschlossen ausschreiten kannst.

Jesus geht noch eine Schicht tiefer: Innen, in deiner Seele, in deinem ganzen Menschen, soll etwas geschehen. Und er sagt es in einem Bild: Du bist ein Acker. Du bist Erde. Ich werfe ein Wort in dich hinein wie ein Sämann Saat in die Erde wirft. Nun soll in dir etwas aufwachsen, das mehr ist als du selbst: Gott, der in dir ein Mensch wird. Bei Johannes sagt er: »Wer nicht von oben her neu geboren wird, kann das Gottesreich nicht sehen« (Joh 3,3). Oder Paulus: »Dass Gott in uns geboren wird in der Gestalt eines neuen Menschen, das geschieht so, dass das Kind Jesus in uns zur Welt kommt. Dann lebt nicht eigentlich der Mensch sein bisheriges Leben weiter, sondern Christus lebt in ihm. Der Mensch wird verwandelt, er geht von einer Stufe der Wandlung in die nächste. Er hat das Bild eines irdischen Menschen getragen, und er wird am Ende in das Bild des himmlischen Menschen – nach dem Modell Christus – umgeschaffen.«

Wenn du also das Gloria singen hörst oder mitsingst, dann weißt du, dass Gott dir nahe ist wie der nächste Stall, das nächste Dorf, aber auch so nah wie du dir selbst, ja näher, als irgendein Mensch dir sein kann. Denn Gott ist nicht über den Wolken oder hinter den Sternen. Er ist Mensch in dir selbst. Du gehst als ein gewandelter Mensch in den nächsten Tag. Du kannst deinen nächsten Schritt im Frieden setzen.

Meister Eckhart (1260-1328) drückt es so aus:

> Wir feiern die Geburt des Christus,
> damit diese Geburt auch in uns geschieht.
> Wenn sie nicht in mir geschieht –
> was hilft sie mir dann?
> Gerade, dass sie auch in mir geschieht,
> daran liegt ja alles.

Wie das zugehen soll, fragst du. Nicht so, dass man es für alle sagen könnte. Es geschieht nicht in allen gleich. In jedem geschieht es auf die Weise, die ihm Gott zugedacht hat. Aber an der Erfahrung eines tiefen Friedens und einer alles bestimmenden Dankbarkeit wird es immer kenntlich sein.

V.

Ein Wort für dich

Wenn ein Hausherr zu einem Fest viele Gäste empfängt, so steht er an der Tür oder im Garten oder im Foyer, um jeden einzelnen der Ankommenden zu begrüßen. Du bist hier einer Einladung gefolgt; es ist nur selbstverständlich, dass der Hausherr dich anspricht. Er wendet sich an dich, und du antwortest seinem Gruß. Es folgt an dieser Stelle der Eucharistie das, was wir den »Wortteil« nennen. Er beginnt manchmal mit einem Psalm, also einem Ausdruck der Begrüßung, der Anrede, des Dankes oder der Antwort. Etwa, wie der 65. Psalm seine Worte fügt:

Dich, o Gott, rühmen wir
in der Stille deines Hauses.
Du hörst, wenn wir zu dir reden,
darum kommen wir zu dir.
Glücklich, dem du nahe bist,
der sich dir nahen darf,
dein heiliges Mahl zu empfangen
von deinem Altar.

Denn du machst fröhlich alle Kreatur
gegen Morgen und gegen Abend.
Du besuchst das Land,
du segnest es mit Regen.
Reich machst du die Erde,

von Wasser überfließend die Bäche.
Reich machst du die Erde
und bereitest das Korn, dein Brot.

Du krönst das Jahr mit deiner Gabe.
Wo immer du gingst, ist Fülle.
Die Auen in der Wüste freuen sich,
die Hügel in der Runde danken dir.
Die Weiden kleiden sich mit Herden
wie mit einem Gewand,
die Täler hüllen sich in Korn
wie in ein Kleid.
Sie jubeln einander zu,
ja sie singen dir, Gott.

Psalm 65

Zwei oder drei Lesungen erinnern uns an die lange Geschichte der Gotteserfahrungen, von denen die Bibel berichtet. Da ist zunächst das Alte Testament, also das Buch der Geschichte Israels mit ihren Höhen und Abgründen, mit ihrem Gelingen und ihrem Scheitern und der steten Begleitung durch Gott und durch sein Wort, die mit Abraham um die Mitte des 2. Jahrtausend vor Christus beginnt und bis zu Jesus hinführt und nach ihm bis zum heutigen Tag. Wir sagen damit: Wir stehen in einer uralten Überlieferung, einer Geschichte der Erfahrung und Befestigung der Nähe Gottes zu uns Menschen, und diese Überlieferung gehört zu dem Kostbaren, das die Menschheit zu bewahren hat.

Wir lesen zum Beispiel die Geschichte, wie Abraham, der Patriarch, an einem Abend in einer Vision schaut, wie drei Männer an sein Zelt kommen. Er begrüßt sie, heißt sie willkommen, bittet sie, Platz zu nehmen und bereitet für sie ein Mahl vor zusammen mit seiner Frau Sara. Dabei fällt ihm auf, dass die Männer, wenn sie sprechen, nicht sagen: wir sind unterwegs da und da hin, sondern immer nur: »ich«, als wären die Drei nur Einer. Als Abraham die Männer danach noch ein Stück Weges begleitet, folgt ein Gespräch, in dem es nicht nur um Gott und nicht nur um Abraham oder Sara geht, sondern um das Geschick von unzähligen Menschen einer bedrohten Stadt. Es ist eine der Geschichten, an denen wir ablesen können, wie Gott und die Menschen in jener alten Zeit zueinander fanden. (Genesis / 1. Mose 18)

Danach folgt ein Stück Lesung aus den ältesten Dokumenten der christlichen Kirche, meistens aus jenen Briefen, die im ersten Jahrhundert nach Christus an die im Römischen Reich verstreuten christlichen Gemeinden gerichtet worden sind. Man nennt sie »Episteln«, das heißt einfach »Briefe«. Mit der Lesung aus diesen Briefen tritt eine heutige Gemeinde in die Verbindung mit ihrer eigenen Geschichte, die mit dem Empfang des Geistes Gottes am Pfingstfest des Jahres dreiunddreißig begann und nie unterbrochen wurde, die fortging durch alle Verzweigungen der Kirche, über alle Grenzen zwischen den Konfessionen hinweg und die bis heute die Kirchen zu der einen Kirche zusammenbindet. Da lesen wir zum Beispiel:

Habt einen langen Atem
und tragt einander mit der Geduld und Kraft,
die aus der Liebe kommen.
Achtet auf alles, was euch verbindet.
Gottes Geist will, dass ihr eins seid
und Frieden euch zusammen hält.

Ihr seid ein Leib und ein Geist.
Ihr seid gemeinsam berufen.
Was ihr von Gottes Reich erhofft,
ist euch gemeinsam.
Ihr habt gemeinsam einen Herrn,
euer Glaube ist euch gemeinsam.

Eine und dieselbe Taufe ist es,
die an euch geschehen ist.
Über euch ist ein Gott, der Vater aller Menschen.
Er, der eine, wirkt durch euch hindurch und wohnt in euch,
und er hat seine Gnade jedem von uns
auf seine eigene Weise geschenkt.

Epheserbrief 4,3-7

Darauf führt die Gemeinde mit dem »Halleluja«, dem »Preiset Gott« weiter zur Lesung des Evangeliums. Mit diesem Ruf reagierte die erste Gemeinde auf die Überwindung von Hass und Gewalt. Wir lesen ihn in der Offenbarung des Johannes, jenem letzten, aus viel Leid und Schrecken erwachsenen Buch der Bibel. Er drückt aus, es werde am Ende alles gut sein. Und wir, die das »Halleluja« singen, stellen uns damit in die große Wanderbewegung durch die Weltgeschichte, die wir die Kirche nennen.

Die dritte Lesung also ist aus einem der vier Evangelien genommen, aus den Berichten der ersten Gemeinde über Jesus, seine Gestalt, sein Werk, seinen Weg. Es wird ein Gleichnis, eine Anekdote, ein Stück aus einer Rede Jesu gelesen, und in ihnen erreicht die Folge der Lesungen ihren Höhepunkt. Etwa die Erzählung von einem Gastmahl, bei dem eine Frau, eine verachtete Außenseiterin in ihrem Dorf, sich unerlaubterweise in die Gesellschaft der speisenden Männer hineindrängt und Jesus die Füße mit ihren Tränen wäscht. Der Gastgeber, ein frommer Mann, wendet sich gegen Jesus, der sich das gefallen lässt. Jesus aber entlässt die Frau nach einer Weile mit den Worten: »Dir sind deine Sünden vergeben. Dein Glaube hat dir geholfen. Geh hin in Frieden.« (Lukas 7,36-50)

Und die Gemeinde antwortet auf das Evangelium mit dem Ruf: »Lob sei dir, Christus.« Wir sagen also mit dieser dritten Lesung, wer für uns die Mitte ist: der Bruder Jesus.

Damit ist das Zeichen für die Predigt gegeben, die Auslegung dessen, was wir gehört haben. Es ist die persönliche Rede einer Pfarrerin oder eines Pfarrers oder eines Laien, der von seiner Gemeinde dazu berufen wurde. Es ist keine amtliche Verlautbarung der Kirche, sondern die Überzeugung eines bestimmten Menschen, die sich hier ausspricht, freilich so, dass sie das in Worte fasst, was geschrieben steht. Sie oder er nimmt dich auf in den Kreis der Feiernden und spricht dir etwas zu, das Gott seiner Kirche gesagt hat. Ihre Gültigkeit nimmt diese Anrede aus der Tatsache, dass sie in der langen Reihe der Auslegungen steht, mit denen die Kirche von jeher aktualisiert hat, was als Norm gebendes Wort ihr an ihrem Anfang anvertraut worden ist.

Was ist das denn, das »Wort«? Ein Wort ist zunächst einfach etwas, das uns Menschen verbindet. Ein Mensch öffnet sich und sagt etwas. Er drückt aus, wer er ist, was er will, was er erwartet oder wie ein anderer ihm helfen kann. Wer das Wort hört, ist mit dem Sprechenden verbunden. Aber auch ein Zeichen, das einer gibt, eine Geste kann an dieser Stelle des Worts stehen, kann zum Wort werden. Als ich einmal auf einer Wüstenpiste mit einem Geländewagen unterwegs war, stand plötzlich ein Mann an der Straße, hob die Hand zum Mund, beugte den Kopf zurück, als habe er einen Becher in der Hand und trinke. Es war deutlich: Er sagte: Gebt mir Wasser, ich habe Durst. Wir hielten natürlich und gaben ihm zu trinken. Ob nun mit Worten oder mit Gesten oder auf irgendeine andere Weise: Wir Menschen nehmen Verbindung miteinander auf, sagen etwas, antworten, tun, was nötig ist, und helfen so dem gemeinsamen Leben, seinen Gang zu gehen. Die Bibel spricht, wenn sie vom Wort redet, eigentlich von mehr als nur einem Wort, sie meint die Worthaftigkeit, die Wortabhängigkeit des menschlichen Daseins überhaupt. Und so wird auch in einem Gottesdienst geredet und geantwortet, gelesen und gesungen, nicht nur stumm gefeiert.

Für die ganze Bibel ist es zu allen Zeiten immer die gemeinsame Überzeugung der Beteiligten gewesen, es gebe eine solche Ebene des Begegnens und Verstehens auch zwischen Gott und uns Menschen. Die Bibel sagt: »Gott sprach zu Abraham.« »Gott rief einen Propheten.« Gott gab eine Antwort auf den Ruf eines Menschen. Gott gab ein Gebot, das in Worten besteht. Er gab dem Sänger ein Lied, das er nun singt. Es ergeht eine Offenbarung, und sie besteht in einem Wort. Wie dieses Wort sich anhörte, auf welche Weise es zu den Menschen gelangte, mit welchen Organen sie es aufnahmen, sagt sie selten und nur in Andeutungen.

Nun tat die erste Gemeinde etwas sehr Wichtiges. Sie war überzeugt, dass in Jesus Gott so klar gesprochen habe wie nie zuvor, dass es überhaupt für Jesus charakteristisch sei, dass in ihm Gott sprach, dass er das Wort von Gott weitergab, dass die Menschen aus seinem Mund ein Wort von Gott hörten. Noch mehr: Sie fassten den Gedanken, Jesus selbst sei eine Art von Wort gewesen, das Gott mit dieser Gestalt und ihrer Stimme in diese Welt hineingesprochen habe, dass dieser Mensch also im Grunde das Medium sei, das als Wort zu uns gelangt. Und so dichtet Johannes im Prolog seines Evangeliums:

Im Anfang war das Wort. Das Wort war bei Gott,
und Gott war sprechendes Wort.
Im Anfang erklang es aus Gott.

Alles wurde durch das Wort, das Gott sprach,
und ohne das Wort ist nichts geworden, nicht eines.

Im Wort war Leben aus Gott,
und das Leben wurde zum Licht der Menschen.
Das Licht strahlte auf in der Finsternis,
aber die Finsternis hat sich ihm verschlossen.

Das Wort war das wahrhaftige Licht,
das jeden Menschen zum Licht macht
dadurch, dass es in die Welt kommt.
Der Christus war das Wort.

Und das Wort wurde ein Mensch.
Es wohnte unter uns, und wir schauten seine Herrlichkeit,
die Herrlichkeit, die der eine Sohn hat vom Vater.
Seine Gnade schauten wir,
seine Wahrheit, die ganze, wurde uns zuteil.

Das Gesetz kam zu uns durch Mose,
die Gnade und die Wahrheit aber durch Jesus Christus.
Niemand hat Gott je geschaut.
Der eine Sohn, der aus Gott ist,
er hat uns Kunde gebracht.

Johannes 1

So ist nun Jesus selbst das Wort, das aus der uns abgewandten Welt Gottes, aus dem großen Schweigen Gottes herüber in unsere Menschenwelt ergeht und sie erreichen will, sie verändern, sie erlösen, ihr eine Zukunft zeigen.

Gehen wir noch einen Schritt weiter: Wir feiern hier ein Sakrament. Die Elemente Brot und Wein sind da, werden bereitet, angesprochen, ausgeteilt und gegessen. Was ist denn nun das Sakrament in seinem innersten Wesen?

Ein Sakrament ist ein zum Zeichen gewordenes Wort. Eine Verleiblichung eines Worts. Ein in eine Geste, die Geste des Gebens, gefasstes Wort. Das Wort »Ich bin bei dir« wird sichtbar und konkret in einem Stück Brot. Das Wort »Das habe ich für dich getan« wird sichtbar. In einem Brot und einem Becher Wein wird das Wort sichtbar, das vom Leiden spricht, von der Überwindung des Bösen, von einer Gemeinschaft zwischen Menschen und Gott durch die Jahrtausende hin.

Die Taufe ist ein Sakrament. Ein Wort wird sichtbar in einem Gefäß mit Wasser. Es wird anschaulich um Untergehen und Aufstehen eines

37

Menschen. Das Wort spricht vom Tod und von der Auferstehung, von Gefahr und Rettung, und das Wasser wird zum Bild für Tod und Leben. Ein Wort von Gott wird ein sichtbares irdisches Zeichen, und das zusammen ist ein Sakrament.

Wenn du einen katholischen Christen fragst, was denn das Grund- und Ursakrament sei, so wird er dir sagen: Das ist die Kirche. Denn die Kirche ist als Ganze ein in die Sichtbarkeit tretendes Wort von Gott. Wenn du einem evangelischen Christen dieselbe Frage stellst, wird er antworten: Das ist Jesus Christus. Denn in ihm ist das Wort, das Gott spricht, sichtbare und hörbare Gestalt geworden. Und er wird hinzufügen: Jesus Christus hat die Kirche gestiftet als seinen »Leib«, das heißt, als das Sakrament, das nun in der Geschichte sichtbar bleibt als sein Wort. Und beide, Katholische und Evangelische, werden sagen: Die konkreten Sakramente, die die Kirche den Menschen anbietet, sind die Taufe und das Abendmahl.

Nun kennen die katholischen Christen noch fünf weitere Sakramente, die wir Evangelischen nicht mitvollziehen. Aber das soll ihnen unbenommen bleiben. Denn im Grunde kann alles zum Sakrament werden, wenn es zum Ausdruck für ein Wort von Gott wird, wenn es dem Wort, das Gott spricht, in dieser Welt eine sichtbare Gestalt gibt. Wenn die Bibel als ein sichtbares Zeichen für das Wort Gottes auf dem Tisch liegt, so habe ich nichts dagegen, wenn man sie in die Nähe eines Sakraments rückt. Wenn ein Blutzeuge im Dritten Reich Hitlers kraft des Glaubens, den Gottes Anrede in ihm geweckt hat, zum Leiden und zum Einsatz seines Lebens bereit wird, so kann ich es nicht falsch finden, dass man die Bewährung dieses Glaubens in der Nähe eines Sakraments sieht. Wenn jemand aus Liebe etwas tut, das ein Wort von Gott in ihm bewirkt hat, so kann sein Tun durchaus in der Nähe eines sakramentalen Zeichens stehen.

Das Sakrament sagt: Was du mit Augen siehst, ist mehr als das, was du siehst. Was du wahrnimmst, ist mehr als ein einfacher Vorgang. Es ist eine Anrede an dich. Es kann auch ein Mensch dir etwas werden wie

»Brot«. Ich wüsste durchaus eine Reihe von Menschen zu nennen, die mich im Namen Gottes angeredet haben und von deren Wort ich gelebt habe. Sogar du selbst kannst zu etwas werden wie zu einem Sakrament. Du hörst irgendwann eine Stimme, die in dir ergeht. Es will etwas durch dich hindurch gehen, das du nicht selbst bist. Etwas Anderes. Fremdes. Ein Wort will, dass du etwas Bestimmtes tust oder dass etwas Bestimmtes von dir ausgeht. Und wenn dir geschenkt wird, dass dir gelingt, es zu hören und ihm nachzukommen, so bist du selbst auf dem Wege, gewandelt zu werden zu einem sichtbaren Zeichen des Worts. Du bist dazu bestimmt, ein Bild Gottes zu sein, ein Wesen also, an dem man Gott erkennt.

So ist denn auch die Bibel »Gottes Wort«. Sie ist von Menschen verfasst, überliefert, verändert, umgeschrieben, neu gestaltet worden. Sie fiel keineswegs vom Himmel. Das Gotteswort wurde sichtbar im Geist und im Herzen von Menschen und fand seinen Niederschlag in ihren Berichten, Bekenntnissen, Liedern oder Gebeten. Es wurde gestaltet von Berichterstattern, Weisen, Dichtern oder Sehern. Denn Gottes Wort geht immer zuerst in Menschen ein, in menschliche Schicksale, Entschlüsse, Einsichten, und wenn sie sagen, was sie erfahren haben, so wird ihr Wort auf ihre menschliche, individuelle Weise zu einem Zeichen für das Wort Gottes. Sie werden, wie Paulus sagt, zu einem »Brief des Christus« an die Welt (vgl. 2. Korintherbrief 3,2).

Wenn wir aber in unsere Welt hinaussehen, in diesen ungeheuren Organismus aus Stein und Baum, Tier und Mensch, Berg und Meer, dann kann uns auch aus all dem in einem großen Augenblick der ansprechen, der in allem wirkt, der schöpferische, überall sprechende Gott. Dann wird uns für einen Augenblick die Welt zur Sprache. Sie wird zu einem großen Sakrament.

Man unterscheidet immer wieder zwischen einer Kirche des Sakraments und meint die katholische, und einer Kirche des Worts, und meint die evangelische. Ich brauche nicht mehr zu sagen, wie unsinnig solche Unterscheidung ist. Das Sakrament ist ein Wort. Das Wort findet seine sichtbare Gestalt im Sakrament. Indem eine Kirche das Wort hütet, wird sie selbst zu einem Sakrament, zu einem Zeichen, in dem das Wort sich verleiblicht. Allzu wichtig nehmen wir immer wieder die Unterscheidungen zwischen den Kirchen. Was sie verbindet, ist viel mehr. Es ist größer. Es ist wichtiger. Es ist Christus, das Wort und das Sakrament, selbst.

VI.

Sage, was du glaubst

Die Spiegelung des Worts ist die Antwort, die Spiegelung des Zeichens das Bekenntnis. Das Bekenntnis eines Glaubens ist das hörbare, sichtbare Zeichen, das der Glaube auf die Anrede Gottes zur Erwiderung gibt. *Antony de Mello* erzählt:

»Ein Weiser wurde gefragt, was man dazu tun könne, um die Erleuchtung zu erlangen. Er antwortete: So wenig wie du dazu tun kannst, dass morgens die Sonne aufgeht. Aber warum, so fuhr der Fragende fort, soll ich dann eure langen und schwierigen Übungen mitmachen? Damit, erwiderte der Weise, du nicht schläfst, wenn die Sonne aufgeht.«

Die Kraft, mit der wir uns für ein Geheimnis öffnen, mit dem wir wach werden, ist der Glaube. Er ist sozusagen das Auge und das Ohr des Herzens. Er ist ja nicht, wie fast allgemein angenommen wird, die vom Verstand geleistete Zustimmung zu irgendwelchen Glaubenssätzen. Er ist die Wachheit der Seele. Die Willigkeit, etwas aufzunehmen, was von Gott her zur mir dringen und in mich hereinkommen will. Er ist die Offenheit, die dem Raum schafft, was mir zugesprochen wird, so dass das »Wort« in mir nachschwingt. Anders gesprochen so, dass das Wort in mir einzuwurzeln vermag. So, dass geschehen kann, was Jesus in seinen Gleichnissen vom Reich Gottes beschreibt:

Du bist der Acker, in dich fällt ein Wort. Das Wort keimt, bildet Wurzeln, sprießt und wächst und bildet am Ende die Ähre und das Korn. Wenn du wissen willst, was Glaube ist: Er ist die Bereitschaft des Ackers, den Samen, das Wort aufzunehmen und ihm Raum, Halt und Nahrung zu geben. Am Ende wächst Brot. Aber das Brot hat nicht der Glaube gemacht. Der Glaube macht weder das Leben noch die Wahrheit. Der das Brot macht, ist der, der den Samen macht, das Wort. Am Ende bemerkst du: Da ist ja Gott selbst in mir am Werk. Ich bin Gottes »Reich«. Sein Wirkraum. Wenn ich meinen Glauben in Worte fasse, dann will ich nicht zum Ausdruck bringen, was irgendwo von anderen Leute zusammengeschrieben worden ist, sondern was Gott in mir tut und was dabei aus mir selbst wird.

Dennoch hält die Kirche an ihrem, dem allen Christen gemeinsamen Glaubensbekenntnis fest. Noch immer tritt uns in den Gottesdiensten das alte »Credo« entgegen, das apostolische Glaubensbekenntnis, oder auch das besonders feierliche nicänische. Beide begleiten die Kirche nun seit mehr als 1500 Jahren, und wie jedes bedeutsame Erinnerungsgut hat es eine eigene Würde durch sein hohes Alter. Aber dieses Glaubensbekenntnisse sind für viele, sehr viele Christen unter unseren Zeitgenossen wie ein verschlossener Raum in einem alten verfallenden Schloss, zu dem es keinen Zugang mehr gibt.

Das *Apostolische Glaubensbekenntnis* lautet:

Ich glaube an Gott,
den Vater, den Allmächtigen,
den Schöpfer des Himmels und der Erde.

Und an Jesus Christus,
seinen eingeborenen Sohn, unsern Herrn,
empfangen durch den Heiligen Geist,
geboren von der Jungfrau Maria,
gelitten unter Pontius Pilatus,
gekreuzigt, gestorben und begraben,
hinabgestiegen in das Reich des Todes,

am dritten Tage auferstanden von den Toten,
aufgefahren in den Himmel;
er sitzt zur Rechten Gottes,
des allmächtigen Vaters;
von dort wird er kommen,
zu richten die Lebenden und die Toten.

Ich glaube an den Heiligen Geist,
die heilige christliche (katholische) Kirche,
Gemeinschaft der Heiligen,
Vergebung der Sünden,
Auferstehung der Toten
und das ewige Leben. Amen.

Aus der frühchristlichen Taufliturgie

Und das *Glaubensbekenntnis von Nizäa-Konstantinopel* lautet:

Wir glauben an den einen Gott,
den Vater, den Allmächtigen,
der alles geschaffen hat, Himmel und Erde,
die sichtbare und die unsichtbare Welt.

Und an den einen Herrn Jesus Christus,
Gottes eingeborenen Sohn,
aus dem Vater geboren vor aller Zeit:
Gott von Gott, Licht vom Licht,
wahrer Gott vom wahren Gott,
gezeugt, nicht geschaffen,
eines Wesens mit dem Vater;
durch ihn ist alles geschaffen.
Für uns Menschen und zu unserm Heil

ist er vom Himmel gekommen,
hat Fleisch angenommen durch den Heiligen Geist
von der Jungfrau Maria und ist Mensch geworden.
Er wurde für uns gekreuzigt unter Pontius Pilatus,
hat gelitten und ist begraben worden,
ist am dritten Tage auferstanden nach der Schrift
und aufgefahren in den Himmel.
Er sitzt zur Rechten des Vaters
und wird wiederkommen in Herrlichkeit,
zu richten die Lebenden und die Toten;
seiner Herrschaft wird kein Ende sein.

Wir glauben an den Heiligen Geist,
der Herr ist und lebendig macht,
der aus dem Vater und dem Sohn hervorgeht,
der mit dem Vater und dem Sohn angebetet
und verherrlicht wird,
der gesprochen hat durch die Propheten,
und die eine, heilige, allgemeine (katholische)
und apostolische Kirche.
Wir bekennen die eine Taufe zur Vergebung der Sünden.
Wir erwarten die Auferstehung der Toten
und das Leben der kommenden Welt.
Amen.

Formuliert von den Konzilien in Nizäa 325 und Konstantinopel 381

Da ist die Rede vom »Sohn« Gottes, von »Empfangen durch den Heiligen Geist«, von »Geboren von der Jungfrau Maria«, von »Hinabgestiegen in das Reich des Todes«, von »Auferstanden von den Toten«, von »Aufgefahren in den Himmel«, vom »Sitzen zur Rechten Gottes« (wo mag die wohl sein?) und vom »Wiederkommen, zu richten die Lebenden und die Toten«. Mir will scheinen, diese Glaubensbekenntnisse werden in vielen Kirchen noch immer nur deshalb weitergesprochen, weil die Kirchen sich nicht klar darüber sind, wie fremd sie ungezählten Menschen unserer Zeit sind, wie wenig sie sich darunter vorstellen können, wie undurchdringlich die Geheimsprache dieser Wortfolge ist und wie hart ein solchermaßen gefordertes Bekenntnis an dem vorbeigeht, was sie sich im Sinne des Evangeliums von der Kirche erhoffen. Sie sprechen eine Bildersprache, wie sie im 4. und 5. Jahrhundert nach Christus in den damaligen Kirchen von den Gebildeten verstanden und vom Volk akzeptiert werden konnte.

Wir müssen aber heute, und zwar klar und kompromisslos, von unseren Kirchen fordern, dass sie ein Glaubensbekenntnis schaffen, das von dem selben Gott, dem selben Christus, dem selben Geist spricht wie das alte, und dies mit Worten, die einem heutigen Menschen zugänglich sind.

Was ist denn ein Bekenntnis? Es ist zunächst, was du aus deiner Erfahrung mit dir selbst und mit Gott heraus persönlich sagst. Etwas, zu dem du stehen kannst, weil du selbst dich damit ausdrückst. Es ist ein Wort, mit dem du sagst, was dich selbst berührt hat, verändert, getröstet. Du wirst also ein paar einfache Sätze sagen, und die sprichst du nicht vom Himmel herab wie das Gloria der Engel von Bethlehem, sondern aus der Mühsal deines Lebens und aus den Schwierigkeiten, die dein Glaube dir bereitet, aus den Zweifeln, die dich nicht loslassen, und aus deinen immer neuen Versuchen, das Geheimnis Gottes und deines eigenen Schicksals zu ertasten. Dann drückst du vielleicht aus, dass du dich in all deiner Verlassenheit in Gottes Hand weißt. Dass du nach all dem, was dir widerfahren ist, dennoch atmen kannst und leben. Oder dass du erfahren hast, dass einer dich auffing, als du zu Fall kamst. Dass du mitten im Streit im Frieden leben kannst oder dass du deine Würde nicht selbst schaffen musst, weil sie dir von dem Gott, der dich bewahrt, zugesprochen wird. Oder dass du nicht auf deine Leistung vertrauen und an deinem Versagen nicht scheitern musst. Dass du in Gottes Ruhe ruhst. Oder dass du darauf vertraust, dass die Nacht vorübergehen und der Tag kommen wird. Und dass dann alles gut sei. Oder irgendwelche anderen Erfahrungen, die du selbst gemacht hast und die dir helfen, mit deinem Leben zurecht zu kommen. Das wäre im Ernst ein Glaubensbekenntnis.

Freilich, danach begegnest du noch einmal dem Credo der Kirche, das den gemeinsamen Grund und Hintergrund unseres christlichen Glaubens schildert und das sagt, was wir Gott verdanken, was Christus für uns getan hat, was der Geist Gottes in der Kirche und in uns allen wirkt. Und wenn du niemand findest, der dir beispielsweise den zweiten Glaubensartikel erklärt, dann hörst du vielleicht zuerst eines der Glaubensbekenntnisse, die in unserer Zeit von vielen wachen und nachdenklichen Menschen neu formuliert werden. Ich selbst habe einmal den folgenden Versuch gemacht:

> Wir stehen vor dir, Gott.
> Aus dir kommen wir. In dich kehren wir zurück.
> Väterliche Güte. Bewahrende Kraft.
>
> Nah bist du in Jesus, dem Bruder.
> Er bezeugt dich. Er steht uns bei.
> Er leidet mit uns. Er stirbt unseren Tod.
> Er führt uns ins Leben.
>
> Du kommst zu uns in deinem Geist.
> Er erfüllt uns. Er gibt uns Licht.
> Wir danken dir, jetzt und in Ewigkeit.

Oder du hörst das geradezu vollendete Glaubensbekenntnis von *Anton Rotzetter*, einem Schweizer Kapuziner, das wohl verdiente, in den Rang eines gemeinsamen Credo der Kirchen erhoben zu werden (aus: A. R.,

Gott, der mich atmen läßt, Verlag Herder, Freiburg im Breisgau, Neu-
ausgabe 2000):

> Du
> Gott im Himmel oben
> unbegreiflicher ferner
> Vater
> wir beten dich an.
>
> Du
> Gott auf der Erde unten
> begreiflicher naher
> Jesus
> wir lieben dich.
>
> Du
> Gott in uns
> begriffener begeisternder
> Geist
> wir bezeugen dich.

Nach einiger Zeit findest du vielleicht dann auch den Zugang zu dem
alten apostolischen Glaubensbekenntnis, das immerhin bis heute die
Kirchen miteinander verbindet. Es wird niemand von dir fordern, du
müssest alles mitglauben. Indem du es aber mitsprichst, stellst du dich in
den langen Zug von Schwestern und Brüdern, die mit ihm durch ihr
Leben und durch die Geschichte des Glaubens gegangen sind. Und das
ist kostbar und bewahrenswert.

Nun haben wir uns lange mit dem Stand unseres eigenen Glaubens
beschäftigt. Damit wir aber nicht an uns selbst festhängen bleiben,
folgt dem Credo ein Gebet, das uns mit allen Menschen verbindet. Wir

wenden uns dem zu, was Menschen irgend beglückt, was sie erfahren, was sie entbehren oder erleiden, und nennen das eine oder andere beim Namen. Wir gedenken der Lebenden und der Toten und bitten Gott um seine Nähe zu ihnen. Und mit ihnen allen zusammen beginnen wir nun mit dem eigentlichen Abendmahl, der Feier der Eucharistie.

VII.

Das dreifache »Heilig«

Die Fürbitte für die Menschen rund um die Erde leitet über zum Hochgebet der Eucharistiefeier, bzw. zum Großen Lobgebet des Abend-
mahlsteils. In ihm ertönt ein Ruf, der aus dem Buch des Jesaja genommen ist. Dort wird von einer Vision erzählt, die dem Propheten wider-
fuhr:

Ich sah Gott sitzen auf einem hohen
und erhabenen Thron,
und sein Saum füllte den Tempel.
Engel standen über ihm, Seraphim.
Ein jeder hatte sechs Flügel.
Mit zweien deckten sie ihr Antlitz,
mit zweien deckten sie ihre Füße,
mit zweien flogen sie.

Und einer rief zum anderen hin:
»Heilig, heilig, heilig ist der Herr Zebaoth,
alle Lande sind seiner Ehre voll.«

Die Schwellen bebten von der Stimme ihres Rufens
und das Haus wurde voll Rauch.

Jesaja 6, 1-4

Dieser Ruf der Seraphim hat an verschiedenen Stellen in den Liturgien der Kirchen seinen Ort gefunden. In der Eucharistiefeier wie auch in der »Evangelischen Messe« steht er innerhalb des Hochgebets. Dieses Gebet setzt mit der Präfation ein, einem Dank- und Lobgebet, zum Beispiel:

In Wahrheit ist es würdig und recht,
dir, Herr, heiliger Vater,
immer und überall zu danken
durch deinen geliebten Sohn Jesus Christus.
Er ist dein Wort.
Durch ihn hast du alles erschaffen.
Ihn hast du gesandt als unseren Erlöser und Heiland;
Er ist Mensch geworden durch den Heiligen Geist,
geboren von der Jungfrau Maria.
Um deinen Ratschluss zu erfüllen
und dir ein heiliges Volk zu erwerben,
hat er sterbend die Arme ausgebreitet am Holze des Kreuzes.
Er hat die Macht des Todes gebrochen
und die Auferstehung kundgetan.
Darum preisen wird dich
mit allen Engeln und Heiligen
und singen vereint mit ihnen
das Lob deiner Herrlichkeit:

Heilig, heilig, heilig
Gott, Herr aller Mächte und Gewalten.
Erfüllt sind Himmel und Erde
von deiner Herrlichkeit.
Hosanna in der Höhe.
Hochgelobt sei,
der da kommt im Namen des Herrn.
Hosanna in der Höhe.

Dabei stellt sich eine Frage: Die alte Kirche hat diesen dreimaligen Ruf als einen Hinweis auf die Dreieinigkeit Gottes verstanden, und wir können nun vielleicht eine Erklärung finden, was damit gesagt sei, dass man in dieser dreifachen Chiffre von Gott redet.

Warum habe ich davon nicht beim Credo geredet? Das hat seinen Grund. Ich finde, was wir uns mit unserem Kopf ausdenken können über das Wesen Gottes, was wir in ein Glaubensbekenntnis fassen können, sei längst nicht so wichtig wie das, was wir den Engeln in der Anbetung nachsprechen. Für mich drückt sich der Glaube an den dreieinigen Gott im dreimaligen »Heilig!« viel stärker aus als im Credo. Darum möchte ich hier davon reden.

Natürlich kann man mich fragen: Warum hältst du, als ein Mensch dieser heutigen Zeit und Welt, an dieser alten Formel fest, die doch nicht mehr zu uns spricht? Willst du so konservativ bleiben? Auf diese Frage antworte ich gerne, und zwar mit einem Wort jenes Dichters, der mir von Jugend an der größte gewesen ist, *Friedrich Hölderlin* (1770 - 1843). Er sagt in seinem Gedicht »Wanderung«:

Schwer verlässt,
wer nahe dem Ursprung wohnet,
den Ort.

Wer einmal erfahren hat, wie nahe ihm Gott ist, der legt ungern Gedanken ab, in denen diese Nähe beschrieben wird. Er findet nur schwer Genüge, wenn etwas Anderes, leichthin Gesagtes, an ihre Stelle treten soll. Wir müssen schon wissen, was es ist, das wir zur Seite legen. Denn nur dadurch, dass wir es nicht mehr verstehen, verliert es nicht seine Wahrheit. Ich möchte mich jedenfalls, gerade dann, wenn ich auf der Suche bin nach neuen Wegen der Kirche, nicht schnellen Herzens von dem entfernen, was Jahrhunderten wertvoll gewesen ist und wahr. Ich möchte es nicht tun, ehe – um bei Hölderlin zu bleiben – die »dürftige Zeit«, die die meine ist, mir dasselbe auf bessere Weise gezeigt hat.

Das dreimalige »Heilig« ist für uns Christen, deutlicher als das »Credo«, der Ausdruck für das dreigestaltige Geheimnis Gottes. Was sprechen wir damit aus? Doch nicht – und das kann man nicht klar genug sagen –, es gebe drei Götter. Gar eine Götterfamilie, bei der man ja notwendig zu fragen hätte, wo denn die Mutter geblieben sei. Nein. Es ist Ein Gott. Und alles, was wir von Gott sagen, ob wir vom Vater, vom Sohn oder vom Heiligen Geist reden, meint den Einen Gott.

Die ganze Lehre von der dreifachen Einheit Gottes spricht lediglich davon, wie Gott uns Menschen anspricht, wie wir Menschen ihm, dem einen Gott, begegnen. Wie wir ihm begegnen als dem ungeheuren Gott, der den letzten Stern im Weltraum in der Hand hat; wie wir ihm begegnen in Jesus Christus, der für Gott stand und steht; und wie wir ihm begegnen in der Tiefe unserer eigenen Seele, als die Quelle unserer menschlichen Gewissheit.

Wie können wir Menschen überhaupt etwas von Gott wissen? Doch nicht so, dass wir uns über uns selbst hinaus erheben, um ihn von Angesicht zu Angesicht wahrzunehmen. Doch nicht so, dass wir ihn ins Geviert unseres Nachdenkens einpassen und danach behaupten, was wir uns zurechtgedacht hätten, sei Gott. Doch nicht so, dass wir uns in uns selbst hinablassen, in die dunkle Welt unserer eigenen Seele, dass wir nach uns selbst suchen und danach meinen, wir hätten Gott gefunden.

Nein, wir erfahren von Gott immer nur, was uns von ihm her widerfährt. Aber was widerfährt uns? Was ist der Menschheit in ihren Jahrtausenden von Gott her widerfahren?

In jener Zeit, in der der Gedanke von der Dreieinigkeit Gottes in die Form eines Dogmas gefasst wurde, in der Zeit des spätrömischen Reiches, spielte das Theater im Leben der Städte eine grundlegend wichtige Rolle. Die riesigen ovalen oder halbkreisförmigen Arenen sehen wir heute noch mit Bewunderung. Das Geheimnis aber vieler dieser Bauten ist bis heute dies, dass man von der entferntesten Sitzreihe aus versteht, was unten auf der Bühne gesprochen wird. In einem antiken Theater lässt sich der Mensch von einem Gott, von einer Schicksalsmacht oder von einem göttlichen Gebot anreden. Er hört und erfährt, dass da etwas geschieht, das anders, höher ist als sein Alltag, das andringt, ihn betrifft, ihn meint, und, wenn er sich weigert, es zu hören, ihn zugrunde richten kann. Die griechische Tragödie, in der das nachgezeichnet wird, gehört bis zum heutigen Tag zum Kostbarsten aller menschlichen Kultur.

Die Schauspieler, die diese andringende göttliche Macht verkörperten oder ihre Wirkung darstellten, trugen Masken. Sie stellten sich nicht selbst dar, sondern etwas Anderes, Fremdes, Mächtiges, das durch sie zu den versammelten Menschen sprach. Eine solche Maske nannten die Menschen damals eine »per-sona«, das heißt auf deutsch, etwas, durch das etwas »hindurch-tönt«. Weil aber die Maske einen bestimmten Typ von Gott oder irgendeiner Macht darstellte, nahm das Wort später auch die völlig andere, nahezu gegensätzliche Bedeutung an, die es bis heute hat: nämlich ein individuell erkennbares Wesen, ein Individuum mit eigenem Charakter, eigener Würde, und eigener »Personhaftigkeit«. Für die Kirchenväter des vierten Jahrhunderts, die das christliche Dogma formulierten, war die Bedeutung dieses Worts noch »Maske«. Und Maske meint ein uns zugewandtes erkennbares Gesicht vor dem nicht sichtbaren Gesicht eines uns unbekannten Schauspielers.

So sagten sie: »Gott ist drei Personen, ein Gott«. Er trägt drei Masken, und er wird uns im Wechsel dieser drei Masken erkennbar. Gott ist Schöpfer. Er ist Christus. Er ist Geist. Das führte natürlich immer wieder auch zu Missverständnissen. Es gab danach immer Christen, die den Ton auf die Dreiheit Gottes legten und denen die Einheit verloren ging. Und es gab auch immer andere, die den Ton auf die Einheit Gottes legten und die nicht mehr von den drei Masken reden konnten, wie es immer geschieht, wenn wir Menschen einen Widerspruch, einen tiefen und unausgleichbaren, zu bedenken haben. In den Kirchen des Ostens hat man sich danach dazu entschieden, den Ton auf die Dreiheit Gottes, im Westen dazu, ihn auf die Einheit Gottes zu legen.

Was ist mit den Masken gemeint? Wohl dies: Wir Menschen haben keinen Zugang ins Heiligtum Gottes. Wir stehen nicht, sozusagen wie die Engel, ihm Angesicht zu Angesicht gegenüber. Wir schauen ihn nicht. Wir erfahren allenfalls von ihm.

Wir hören, dass uns jemand sagt: Diese Tiere und Pflanzen, diese Planeten, diese Steine hat einer gemacht. Er hütet ihre Entwicklung, er ist das lebendige, pulsierende Leben in allem, was ist, von den letzten Welteninseln bis zu dem unglaublich lebendigen Leben in den kleinsten Teilen der Materie. Wir nennen ihn den »Schöpfer«. In dieser Maske erkennen wir den verborgenen Gott, und durch sie spricht er uns an.

Aber wir erfahren auch auf eine ganz andere Weise von ihm. Da tritt in einem Winkel der Welt, in den Dörfern von Galiläa einer auf, der von sich sagt: Ich komme von Gott. Ich sage dir, wer du, Mensch, bist. Ich sage dir, wer Gott ist. Was du von ihm zu gewärtigen hast, was er mit dir vorhat, wie er dir gegenüber gesinnt ist, was er von dir erwartet. Und ich sage dir: Er liebt dich, wie ich, Jesus von Nazareth, dich liebe in deinen Schwächen und deiner Unansehnlichkeit, mit allen deinen Leiden und Mühen. Du stehst unter seiner schützenden, heilenden Hand. Er will deine Freiheit, er will deine Güte. Er will dein Vertrauen. Und wenn du durch mich ihn wahrnimmst, wird dir dein Leben gelingen können.

Noch ein dritter Weg ist offen zu Gott. Wenn du deine Welt anschaust und Ja sagst zu dem Gott, der sie erschaffen hat, dann ist dieses Ja selbst eine Wirkung dieses Gottes. Du könntest dieses Ja nicht sprechen, wenn er selbst es nicht in dir spräche. Den Glauben an den Schöpfer-Gott schafft sein Geist in dir. Wenn du ein Wort hörst, das einer seiner Zeugen in der Weltgeschichte gesprochen hat, und du kannst sagen: »Ja, das ist wahr, das nehme ich an«, so redet in dir derselbe Gott, der dieses Wort jenem fernen Menschen zugesprochen hat. Wenn du dir vorstellst, wie Jesus durch die Dörfer seiner Heimat ging, besorgt um die Menschen, ihnen zugewandt, liebevoll und dabei ohne Vorbehalt, auch in aller Klarheit sie fordernd, und du kannst sagen: Ja, in ihm redet Gott zu mir, dann wirkt dieses Ja derselbe Gott, der in Jesus gesprochen hat. Gott spricht, sagen wir, zu uns durch seinen Geist. Sein Geist erfüllt uns. Sein Geist in uns ist es, der unseren Glauben schafft. Sein Geist gibt uns die Hoffnung und die Kraft zu tun, was im Sinn und Willen Gottes liegt. Der dritte Zugang also ist, was wir den »Geist Gottes« nennen.

Drei Personen – ein Gott, bekennen wir. Es ist richtig, dass wir so sprechen. Gott ist nicht einfach der Gott in uns. Damit würde er am Ende ein Teil von uns selbst. Das aber wird er nie sein.

Gott ist nicht einfach Jesus von Nazareth. Vielmehr ist Jesus von Nazareth sein uns zugewandtes Gesicht.

Gott ist nicht einfach nur der Schöpfer der Welt, der uns nichts anginge. Vielmehr ist er derselbe, der in Jesus Christus spricht und der in uns seine leise Stimme erhebt.

All das meinen wir mit dem dreimaligen »Heilig!« Wir meinen es, wenn wir singen: »Alle Lande sind seiner Ehre voll« (vgl. Evangelisches Gesangbuch Nr. 185,3). Das Land um uns her, die große Welt, die wir nicht überblicken. Das Land unseres Schicksals, unseres Tuns und Erleidens. Und das Land unserer eigenen Seele, in der Gott ist und in der er sein leises Wort spricht.

Wir halten diese mühseligen Gedanken fest, auch wo sie unserem Unverstehen begegnen. Sie sind zu kostbar, um irgendeinem neuen Einfall geopfert werden. Denn wir haben gesehen, wie jede christliche Lehre, die vom dreieinigen Gott zu reden aufgegeben hat, unvermeidlich ins Seichte geriet. Wir sprechen das dreimal »heilig« in der Feier der Eucharistie, damit deutlich bleibt, wovon wir reden, wenn wir Gott sagen oder wenn wir von der Gegenwart des Christus in den Elementen Brot und Wein reden.

VIII.

Die Worte der Stiftung

Es folgt im Gang der Feier eine Bitte um das Kommen des Heiligen Geistes und der Bericht von der abendlichen Szene, während der Jesus das heilige Mahl eingesetzt hat:

Der Herr Jesus
in der Nacht, da er verraten ward
und mit seinen Jüngern zu Tisch saß,
nahm das Brot, sagte Dank,
brach es, gab es seinen Jüngern und sprach:
Nehmt und esst, das ist mein Leib,
der für euch hingegeben wird.
Tut so zu meinem Gedächtnis.
Ebenso nahm er den Kelch
nach dem Abendmahl,
reichte ihn seinen Jüngern und sprach:
Nehmt und trinkt alle daraus.
Das ist der Kelch des neuen und ewigen Bundes,
mein Blut,
das für euch und für viele vergossen wird
zur Vergebung der Sünde.
Tut das zu meinem Gedächtnis.

1. Korintherbrief 11,23-25

So berichtet Paulus. Und er fügt, an seine Leser gewandt, hinzu:

So oft ihr nun dieses Brot esst
und aus diesem Kelch trinkt,
bekennt ihr, dass Jesus Christus für euch gestorben ist –
die ganze Zeit hin , bis er kommt.

1. Korintherbrief 11,26

In leichten Abwandlungen berichten die Evangelien des Matthäus, des Markus und des Lukas von diesen Worten der Einsetzung. So Markus:

Und als sie aßen, nahm Jesus das Brot,
dankte und brach es, gab es ihnen und sprach:
Nehmt! Das ist mein Leib.
Und er nahm den Becher, dankte,
gab ihnen den und sie tranken alle daraus.
Und er sprach zu ihnen:
Das ist das Blut, das den neuen Bund besiegelt
(zwischen Gott und euch)
und das für viele vergossen wird.

Markus 14,22-24

Beginnen wir am Ende: »Das ist das Blut, das den neuen Bund besiegelt zwischen Gott und euch.« Was ist der Sinn dieser dunklen Rede? Jesus sagt ja nicht: Ihr trinkt hier Blut! Das Trinken von Blut wäre einem Juden – und Jesus war Jude! – vollkommen unmöglich gewesen, es wäre ihm ein schrecklicher, abstoßender Gedanke gewesen. Um ja kein Blut zu sich nehmen zu müssen, wenn er Fleisch aß, musste er ja beim Schlachten eines Tieres darauf achten, dass das Blut des Tieres vorher auslief. Nein, er sagt: Es steht für das Blut, das den neuen Bund besiegelt. Zwei wichtige Gedanken stehen dahinter.

Der eine: Es war früh schon in der Geschichte Israels der in vielen Religionen verbreitete Gedanke, ein Vertrag, ein Bund zwischen Menschen oder Staaten werde mit Blut besiegelt. Das uralte Ritual, an das Jesus hier anschließt, wird aus der Mosezeit berichtet: Mose stand als Mittler zwischen Gott und dem Volk am Fuß des Sinai. Er beauftragte junge Männer damit, dass sie Stiere opferten auf dem Altar, den er hatte bauen lassen. Er nahm das Buch mit dem Text des Bundes und las es dem Volk vor. Das Volk antwortete: »Alles, was der Herr gesagt hat, wollen wir tun.« Da nahm Mose von dem Blut der Stiere, besprengte das Volk damit und sprach: »Seht, das ist das Blut des Bundes, den Gott mit euch geschlossen hat« (Exodus / 2. Mose 24,5-8). Jesus vollzieht also ein uraltes Ritual und gebraucht dabei die vorgeschriebene Formel. Dass es uns mittlerweile gänzlich fremd geworden ist, darf uns nicht hindern, diesen Zusammenhang zu sehen.

Der andere Hintergrund: Bei seinen Gemeinschaftsmählern in Galiläa nahm Jesus die Menschen in seine Tischgemeinschaft auf, gleichgültig, ob sie fromm oder gottlos, ob sie rechtschaffen oder vollkommen waren. Das heißt in der Sprache der damaligen Sitten, er tat sich mit ihnen zusammen. Er verbürgte ihnen, dass Gott sie liebe und bejahe und annehme unabhängig von ihrem Zustand. Er schloss durch das gemeinsame Mahl gleichsam einen Bund mit ihnen. Sehr ähnlich dem Bund, der seit alter Zeit zwischen Gott und dem Volk Israel bestand. Aber er tat das gegen den Willen von allen, die in seinem Volk und in den Dörfern Rang, Namen und Einfluss hatten, zuletzt vor allem gegen den Willen des Zentrums in Jerusalem, der Priesterschaft am Tempel. Es war ihm früh klar, dass er damit sein Leben riskierte. Und als das Ende absehbar war, hatte er zwei Möglichkeiten: Er konnte ausweichen und alles zurücknehmen, was er getan und gesagt hatte, oder er konnte den Tod bewusst übernehmen, um den Menschen, mit denen er sich verbunden hatte, zu zeigen: Ich stehe dazu. Ich verbürge mich für euch, dass das wahr ist, was ich gesagt habe. Mein Tod ist das Siegel.

Eben diesen Gedanken greift er an seinem letzten Abend bei jenem Essen auf: »Mein Blut besiegelt den neuen Bund, der nun zwischen euch und Gott gilt.« Und dieser Bund bedeutete die Aufhebung alles Trennenden zwischen Gott und den Menschen, die Heilung ihrer Leiden und die Vergebung ihrer Sünden. Dass dieses Bild mit einem Opfer verbunden sein musste, kann uns nicht wirklich fremd sein. Auch wir heutigen Menschen wissen, dass ohne ein immer wieder erbrachtes Opfer an Freiheit, an Wohlergehen, an Eigentum und Selbstbestimmung kaum irgendwo ein gemeinsames Leben unter den Menschen auf die Dauer gelingen wird. Und dass es wahr ist, was Jesus danach sagt: »Niemand hat größere Liebe als der, der sein Leben lässt für seine Freunde« (Johannes 15,13).

Davor sagt Jesus noch das andere stiftende Wort, das es uns in seiner Rätselhaftigkeit so schwer macht: »Esst! Das ist mein Leib!« Eine ganze Folge von Bildern und Gedanken will dazu gesehen und verstanden sein.

Zunächst: Das Wort sagt nicht genau das, was wir uns darunter vorstellen. Für uns »hat« ein Mensch eine Seele, er »hat« einen Geist, er »hat« ein Unbewusstes, er »hat« einen Körper. Er zerfällt – die heutige Medizin beweist es – in Teile. Zumindest unterscheiden wir, was seelisch und was leiblich in ihm vorgeht, und erst, wenn wir alle seine Teile zusammennehmen zum Bild eines Menschen, wird er so etwas wie eine Person oder eine Persönlichkeit. Ein Mensch jener Zeit spricht, wie es etwa die Psalmen tun, von sich immer in einer Einheit: Er sagt etwa: »Mein Leib und mein Geist freuen sich in dem lebendigen Gott« (Psalm 84,3). Der Leib freut sich mit. Es gibt sozusagen einen Glauben, der den Leib erfüllt. Einen Dank, den der Leib erbringt. Der Leib ist tätig im Zusammenhang des ganzen Menschen und hat an allem, was den Menschen erfüllt, beschäftigt oder bedrückt, teil. Wenn also ein Mensch der damaligen Zeit und Umwelt von »seinem Leib« spricht, spricht er in Wahrheit von »sich«. Und wenn wir wirklich verstehen wollen, was Jesus mit seinem Wort »Das ist mein Leib« sagen will, dann müssen wir ihn sagen hören: »Das bin ich.« Schaut an, wie ich das Brot breche. So werde ich sterben. Nicht mein Leib allein, sondern ich. Schon das Mittelalter wusste, was in der katholischen Kirche bis heute gilt: dass nämlich im Wein nicht das Blut allein, sondern der ganze Christus gegenwärtig sei, im Brot nicht der Leib allein, sondern Christus. Wenn wir also das Brot brechen mit den Worten: »Nimm und iss, das ist der Leib Christi«, dann sagen wir damit: Christus geht in dich ein. Nicht sein Leib, nicht sein Blut, sondern er selbst. Wichtig ist nicht, wie du dir das vorstellst. Wichtig ist, was du an dir geschehen lässt und in welchem Sinn es dich wandelt.

Vielleicht müssen wir heutigen Menschen, deren medizinische Wissenschaft eine so entlarvende Sprache spricht, wieder verstehen, dass es einen lebendigen Arm als Einzelstück nicht gibt, so wenig wie eine isolierte Leber oder eine isolierte Psyche. Es gibt nur den Menschen. Der Mensch ist im Grunde nicht ein isoliertes Wesen, sondern steht in lebensnotwendigem Austausch mit seiner Welt und ist ohne seine Welt auch nicht der Mensch. Er ist ein verbindendes und verbundenes Wesen zwischen seiner komplexen eigenen Struktur und der Umwelt, mit der er in steten Austausch lebt. Er ist ein Wesen im Übergang, ein Wanderer zwischen den Dingen, die ihn umgeben und einer weiten geistigen Welt. Er ist immer größer und ist mehr, als er von sich weiß. Er wurzelt in der Erde, und er reicht in Sphären, die er nur ahnen, empfinden oder andeuten, aber nicht wissen oder erklären kann. Und umgekehrt: Er kommt aus einer geistigen Welt, er wurzelt ein in die Erde und bleibt mit allem, mit seiner Herkunft und mit seinem Ziel, im Zusammenhang und hat anders kein Leben. Wir werden, was ein Sakrament ist, anders nie verstehen.

E s ist auch mit unseren Vorstellungen von Gott so. Auch wenn wir von Gott reden, sind wir in Gefahr zu trennen und zu teilen. Zum Beispiel zwischen ihm und der Welt. Die Welt ist uns bekannt, Gott ist weit draußen irgendwo. Wir erforschen und nutzen die Welt, aber Gott begegnen wir dabei nicht. Wir müssen verstehen, dass es bei Gott dasselbe bedeutet, ob wir sagen: Er ist fern oder er ist nah. Er ist in allem, auch in uns selbst, er war vor dem Anfang des Universums und wird nach seinem Ende sein. Er ist ständig im Kommen und im Gehen. In der einen Stunde ist er uns völlig fremd, in der anderen berührt uns seine andringende Kraft. Immer gilt: Er ist mehr und anders und größer als unsere Gedanken über ihn; und er ist immer der Eine, wie ein Mensch immer größer ist, als wir von ihm denken, und dabei immer der Eine bleibt.

Das heilige Mahl aber verbindet uns als ganze, mit allem verbundene Menschen mit dem nahen und heiligen Gott. Er geht in uns ein, er bindet unser isoliertes Leben in die großen Zusammenhänge. Es ist ein Zeichen wie es auch andere gibt, die uns Menschen gegeben worden sind, wenn wir hören oder schauen, wenn wir Gott als Sturm erfahren oder als Feuer, das einen Propheten in Brand setzte, das die Großen unserer Geschichte zu Tätern macht, zu Weisen, zu Künstlern oder zu Priestern, und uns Kleinere zu Menschen, denen ein Licht aufging. Aber er tut es mit den sichtbaren Zeichen, in denen uns solche Erfahrung anspricht.

Von seiner Begegnung mit Gott in Jesus schreibt einer als von einer Verleiblichung Gottes:

Mit eigenen Ohren hörten wir,
mit eigenen Augen sahen wir,
was von Anfang der Welt her war.
Wir schauten es. Wir berührten es
mit unseren eigenen Händen:
das Wort, aus dem das Leben entstand.

Denn das Leben ist erschienen.
Wir haben es gesehen.
Wir bezeugen es, wir verkünden es:

das uranfängliche Leben,
das beim Vater war und uns erschien.

1. Johannesbrief 1,1

Diese Verleiblichung Gottes setzt sich fort, wenn Paulus sagt:

Ich selbst werde immer unwichtiger.
Wichtig ist der Christus, der in mir ist.
Ich lebe, ja, natürlich,
aber eigentlich lebe nicht ich,
sondern Christus lebt in mir.

Galaterbrief 2,30

Ähnlich spricht Martin Luther, wenn er sagt: »Jeder von uns soll dem anderen ein Christus sein«, also ein Bote und Repräsentant Gottes. Aus jedem von uns soll sein Licht leuchten, wie Paulus es sagt:

Gott, der sprach:
»Licht soll aus der Finsternis leuchten«,
ist als heller Schein in unseren Herzen aufgegangen
und hat uns Licht gegeben,
so dass wir nun die göttliche Herrlichkeit wahrnehmen,
die uns auf dem Angesicht des Jesus Christus erscheint.

2. Korintherbrief 4,4-6

Das große Ziel dieser Christus-Gegenwart in uns Menschen aber beschreibt er so:

Wo der Geist des Herrn ist, da ist Freiheit.
Nun – da Christus in uns ist – schauen wir

die Herrlichkeit Gottes wie in einem Spiegel
(in uns selbst).
Wir werden von Gottes Helligkeit verwandelt
in das Bild des Christus
und gehen von einer Verwandlung in Licht
in die andere.

2. Korintherbrief 2,18

Und:

Wie wir das Bild des irdischen Menschen getragen haben,
so werden wir das Bild des himmlischen tragen.

1. Korintherbrief 15,49

In all dem liegt eine alles überwindende Zuversicht. Paulus hört aus dem Evangelium nicht, er müsse sein Leben lang immer dieselbe krumme Figur bleiben, die er als Mensch nun einmal ist, der immer und ewig verdammenswerte Sünder. Vielmehr könne etwas aus ihm werden. Nicht erst im Himmel, sondern schon hier auf dieser Erde. Es könne in ihm eine Wandlung geschehen dadurch, dass Christus, die verwandelnde Kraft Gottes, in ihn einging.

Wir nennen Jesus, den »Christus«. Was meinen wir damit? »Christus« ist ja kein Name. Es ist ein Titel. Eine Bezeichnung für Vollmacht. Sozusagen ein Amt. Eine Würde. Es heißt auf deutsch »der Gesalbte«. Jesus war der Mann aus Galiläa. Christus aber bezeichnet seinen Auftrag. Wenn im alten Israel ein Prophet von Gott die Weisung bekam, einen neuen König auszurufen, dann suchte er ihn auf, brachte ein Gefäß, ein »Horn« mit Öl mit und salbte damit das Haupt des Erwählten. Der war damit von Gott designiert, König zu sein. Durch die Salbung empfing er die Würde, die Unangreifbarkeit, die Unersetzlichkeit und die Vollmacht des Königs. Die ersten Christen sagten also, indem sie Jesus den »Christus« nannten: Wir sehen in ihm den Beauftragten Gottes, den Herausgehobenen, den mit göttlicher Würde Begabten, den »Herrn«, den »König«.

Und was bedeutet es, wenn wir, auch während dieser Feier, immer wieder hören, er sei der »Sohn Gottes«? Paulus sagt in der feierlichen Eröffnung seines Briefs an die Römer:

Von Jesus Christus rede ich, unserem Herrn, Gottes Sohn.
Der war ein Mensch irdischer Herkunft,
ein Nachkomme Davids.
Aber Gott erhob ihn zum Sohn.
Gottes Geist, der Heiligkeit verleiht,
stattete ihn aus mit Macht und Würde
nach seiner Auferstehung aus dem Tode.
Dieser Sohn nahm mich in seinen Dienst
und gab mir das Amt eines Botschafters.
Ich soll in allen Völkern dafür wirken,
dass sie ihn anerkennen als ihren Herrn
und ihm vertrauen.

Römerbrief 1,3-5

An diesen Sätzen fällt uns zweierlei auf: Jesus wurde zum »Sohn« eingesetzt. Er war es nicht von Hause aus. Er war es nicht von Ewigkeit her. Und: Er wurde »Sohn« nicht schon zu Lebzeiten, sondern erst nach seinem Tode, in oder nach seiner Auferstehung.

Was war in jener Zeit ein »Sohn«? Wir Abendländer, vor allem wir heutigen, meinen, wenn wir von einem Sohn sprechen, einen Abkömmling. Er ist von einem Vater gezeugt und von einer Mutter geboren und damit ihr Sohn. Anders in den semitischen Völkern. Dort konnte es zur normalen Ordnung gehören, dass ein Vater den neugeborenen Sohn von der Erde aufhob mit den Worten: »Du bist mein Sohn.« Nicht durch seine Geburt, sondern kraft dieser Anerkennung wurde er der Sohn des Vaters. Das Verhältnis zwischen einem Vater und einem Sohn war also zunächst ein Rechtsverhältnis und erst in zweiter Linie auch eine Blutsverwandtschaft.

So gewann das Wort »Sohn« auch eine weitere Bedeutung. Wenn im alten Orient ein König in sein Amt eingeführt wurde, sprach der Priester über ihm ein Wort von Gott: »Du bist mein Sohn. Heute zeuge ich dich.« Der Psalm 2 zitiert in solchem Sinn dieses Wort, das offenbar auch bei der Inthronisation israelitischer Könige gesprochen wurde. Während aber Jesus im Wasser des Jordan getauft wird, spricht der Geist Gottes über ihm: »Dies ist mein Sohn. An ihm habe ich Wohlgefallen.«

Wenn aber nun ein solcher »Sohn«, ein König, seinerseits einen Bevollmächtigten einsetzen wollte, einen ersten Minister, einen obersten Richter, so setzte er ihn wiederum zu seinem »Sohn« ein. So verfuhr etwa auch der Pharao, als er Joseph aus dem Gefängnis holen ließ und zu seinem Bevollmächtigten erhob:

Du sollst Herr über meinen Palast sein.
Auf dein Wort soll das ganze Volk hören.
Nur um den königlichen Thron will ich höher sein als du.

Genesis / 1. Mose 41,40

Ähnlich sagt Jesus über sich selbst: »Gott richtet niemand, vielmehr hat er alles Gericht mir, dem Sohn, übergeben« (Johannes 5,22).

Noch eins: Dieser Bevollmächtigte hatte seinen Platz im Thronsaal »zur Rechten« des Königs. Dementsprechend sagt das Evangelium in seiner anschaulichen Bildersprache, nach seiner Heimkehr zu Gott sitze Jesus Christus nun »zur Rechten Gottes«.

Dieser Sohn war zugleich der »Offenbarer«. Er unterschied sich vom

König vor allem auch darin, dass er den Menschen sichtbar war, während der König selbst unsichtbar blieb hinter den Mauern seines Palastes und seiner Gärten. Und darin, dass er den Willen des Königs in konkreten Weisungen den Menschen zu Ohren brachte.

Der Zeitpunkt, von dem ab diese Vollmacht für Jesus galt, wurde in der ersten Gemeinde verschieden angesetzt. Die einen nahmen die Taufe als den Beginn seiner »Sohnschaft«, die anderen die Auferstehung aus dem Tod. Erst in späterer Zeit, als das Evangelium den Menschen des griechisch-römischen Kulturkreises erklärt werden musste, missverstand man den Titel »Sohn« im Sinne von Geburt und Abkunft. Für uns aber liegt viel daran, dass wir seine ursprüngliche Bedeutung wiederfinden. Er ist der Bevollmächtigte uns Menschen gegenüber.

IX.

Leibhafte Gegenwart

Das Stichwort, um das in der Kirche zu Zeiten besonders heftig gestritten wurde, ist das von der »Realpräsenz«, das heißt die Frage, ob und wie Christus im Sakrament wirklich anwesend sei, in welchem Sinne konkret und real und in welchem vielleicht »nur« gleichnishaft oder symbolisch.

Der Streit verliert viel von seiner Schärfe, wenn wir uns vor Augen halten, dass nicht nur für die Bibel und nicht nur für die alte Welt, sondern auch für unser eigenes Bewusstsein das »Reale« und das »Symbolische« alles andere sind als schroffe Gegensätze. Das Symbol, das echte, gewachsene und vitale Symbol, ist keineswegs etwas Verblasenes, es ist eine Wirklichkeit, eine wirkende, eine prägende, eine verändernde. Symbole, verborgen in unserem Unbewussten, bestimmen uns, unser Verhalten, unser Selbstbewusstsein, unsere Träume, unsere Pläne, unsere Taten. Oft geschieht es, ohne dass wir ergründen könnten, was es eigentlich sei, das uns prägt und bestimmt.

Wir müssen heute dringend lernen, die Weise von Realität wieder zu entdecken, die im Geistigen oder im Seelischen liegt, im Übernatürlichen auch. In den Verbindungen zwischen dem Körperlichen und dem Außerkörperlichen, auch in dem, wie wir sagen, »feinstofflichen« Bereich. Ist denn die Liebe unseres Herzens – nur deshalb, weil man sie nicht fotografieren kann – irreal? Ist der Hass, nur weil er nicht messbar ist, unwirklich? Ist unsere Güte nicht gegenwärtig? Ist die Nähe Gottes, von der wir überzeugt sind, ein Luftgespinst? Oder handelt es sich bei alledem nicht um eine sehr dichte Realität? Fassen wir das Wort »Realität« umfassend genug, so ist die Verschiedenheit der Deutungen, die man der Gegenwart des Christus im Abendmahl beilegen mag, nicht eben groß. Wer oder was also ist gegenwärtig im Brot und im Wein der Eucharistie?

Gegenwärtig ist zunächst der Gott, der in allen Dingen ist, in jedem Stein und in jedem Baum, in jedem Vogel und in jeder Koralle. Auch in jedem Menschen. Wir sprechen ja von seiner »Allgegenwart«. Damit sagen wir, es gebe nichts in der Welt, in dem Gott nicht wäre, oder, anders herum, das nicht in Gott wäre. Auch die Werkzeuge, die Bauten und all die nützlichen oder verderblichen Gegenstände aus der Hand des Menschen, auch sie sind Ort Gottes. Wie könnte etwas sein, in dem Gott nicht wäre?

Was meinen wir, wenn wir bei Brot und Wein von Gottes Gegenwart reden, in der Sprache der Theologen von »Realpräsenz«? Wir sagen: In Christus sei Gott so in unsere Menschenwelt gekommen, dass wir ihn greifen, sehen und verstehen können. Und wir sagen: Dieses Kommen Gottes sei nicht zu Ende, es gehe weiter im Sakrament. Gott werde wieder fassbar, greifbar, irdisch, konkret und zwar als der, den wir in Jesus wahrnahmen. Wie wir uns das vorstellen können, darüber dürfen wir gerne verschiedener Auffassung sein. Was wir hören, ist das einfache Wort: »Das bin ich.« Alles, was darüber hinaus gesagt wird, ist eine Deutung. Deutungen entstehen in den Köpfen von Menschen. Sie mögen dem ursprünglichen Sinn näher oder ferner sein, sie werden sich mit ihm nie decken.

Das Mittelalter hatte unter Verwendung der Philosophie des Aristoteles (4. Jh. v. Chr.) unterschieden zwischen dem sichtbaren Brot mit seinen äußeren Merkmalen und der unsichtbaren Substanz »Brot«. Man sagte, in der Eucharistie bleibe das Brot mit allen seinen Merkmalen erhalten, mit seiner Farbe, seinem Geruch, seinem Geschmack, seinem Aussehen und Anfühlen. Die unsichtbare Substanz verwandle sich in den

Leib Christi. So lehrt man in der katholischen Kirche bis heute die »Transsubstantiation«, also die Wandlung der Substanz. Aber diese Unterscheidung ist dem Neuen Testament und seinem Verständnis des Abendmahls völlig fremd. Sie wurde von den Theologen des frühen Mittelalters gefunden und im 13. Jahrhundert zur allein rechtmäßigen Deutung erklärt. Das Mittelalter ist seit langem zu Ende, und diese Deutung lässt sich in modernen Vorstellungen der chemischen und physikalischen Struktur der Dinge nicht mehr unterbringen. Wer sie festhalten möchte, wem sie hilfreich ist, der behalte sie; wer sie durch eine neue Deutung ersetzen möchte, suche nach einer neuen Deutung. Streit darüber hat wenig Sinn.

Auf der anderen Seite lehrte Martin Luther, die Substanz des Brots wandle sich nicht, so wenig wie sein äußeres Aussehen, vielmehr komme der Leib Christi als neue Substanz hinzu. Und so spricht man bei ihm von »Konsubstantiation«. Eine dritte Lösung fand Huldrych Zwingli, der Züricher Humanist und Reformator. Nach seiner Auffassung bleiben Brot und Wein unverändert, sie bezeichnen vielmehr wie ein Gleichnis den Leib und das Blut. Sie sind das Sinnbild für Christus. Und in ihm ist Christus gegenwärtig, wenn ein Mensch sie im Glauben an ihn zu sich nimmt.

Alle drei Vorstellungen sind möglich. Die »Konvergenzerklärung der Kirchen des Ökumenischen Rats« von 1982 gleicht die Unterschiede zwischen den einzelnen Kirchen nicht aus, sie ebnet sie nicht ein, sondern rät, den verschiedenen Bildern innerhalb einer wachsenden Übereinstimmung Raum zu geben.

Entscheidend ist: Alle diese Bilder oder Gedanken sind Deutungen. Sie sind nicht die Sache selbst. Die Wahrheit ist für uns Menschen nie und an keiner Stelle fassbar. Sie erscheint immer und überall in der Gestalt von Deutungen. Wenn der Physiker nach dem Wesen der kleinsten Phänomene der Materie sucht, wird er es in der Bildersprache seiner Deutungen versuchen zu erfassen. Wenn der Psychologe die Menschenseele ergründet, redet er in Bildern. Wenn der Astronom sich in den Anfang des Kosmos zurückdenkt, muss er Bilder gebrauchen, die sich als Deutung eignen; wenn ein Praktiker moralische Fragen stellt, etwa nach dem menschlichen Gewissen, immer wird er Bilder gebrauchen. Nie werden sie die Sache selbst zu fassen bekommen, sondern immer nur die Deutung, die sie ihr beilegen. Deutungen aber entstehen zu einer bestimmten Zeit und im Rahmen einer bestimmten Kultur. In einer anderen Zeit der Weltgeschichte und an einem anderen Ort dieser Erde, in Köpfen, die unter anderen Bedingungen denken, wird man andere Deutungen finden, und jede wird so viel Wahrheit haben, wie die Bedingungen erlauben, unter denen sie entstand.

Wichtig bleibt bei alledem: Jesus selbst bietet uns keine Erklärungen, kaum die Andeutung einer Deutung. Er sagt schlicht sein rätselhaftes Wort: »Das ist mein Leib. Das bin ich. Esst und denkt an mich!« Nehmen wir also unsere Versuche zu erklären, zu interpretieren, zu deuten nicht gar so sehr als ewige Wahrheiten. Sie sind es nicht. Lassen wir uns durch unsere Versuche nicht von einander trennen. Lassen wir den anderen neben uns die Deutung, die sie gefunden haben, und feiern wir das heilige Mahl als ein Fest der Gemeinschaft und der Dankbarkeit. Das allein zählt.

Da aber die Deutung der Gegenwart Christi im Abendmahl bis heute eines der Hindernisse darstellt, wenn Christen verschiedener Konfessionen miteinander feiern wollen, so möchte ich meine Auffassung von den heutigen Konfessionen nicht verbergen. Ich bin der Überzeugung, fünfzig Jahre der Arbeit in meiner Kirche und mit Christen anderer Kirchen haben mich dahin geführt, dass die Epoche, in der getrennte und gegeneinander stehende Konfessionen ihr Recht und einen gewissen Sinn hatten, vorbei ist. Die Neuzeit, die von den abendländischen Konfessionen bestimmt war, ist zu Ende. Das Mittelalter und alles, was ihm in religiöser Hinsicht das Gepräge gab, ist vorbei. Es ist eine Epoche angebrochen, die Nachneuzeit, die Postmoderne oder wie immer man sie nennen will. Der Streit um konfessionelle Eigenheiten wird in ihr seinen Sinn verloren haben.

Heute kennt die wissenschaftliche Auslegung der Bibel keine konfessionellen Differenzen mehr. Es gibt Einigungsbemühungen auf allen Ebenen. Der alte Hass ist praktisch vergessen. Ein wenig menschliche Eigenbrödelei ist noch am Werk, da und dort. Warum aber soll nicht eine Kirche gedacht werden können, in der die einzelnen Gemeinschaften verschiedenen Deutungen anhängen, ohne einander zu bekriegen? Was sie trennt, ist ja nicht die Wahrheit, sondern die Deutung, die sie gefunden haben. Wir brauchen keine Einheitskirche, in der alles strikt uniform wäre, sondern eine geschwisterliche Gemeinschaft von Kirchen, in denen man die Verschiedenheiten der Deutungen aushält.

Ich frage mich manchmal: Warum, wenn man über das heilige Abendmahl diskutiert, setzt man sich nicht zuerst zum gemeinsamen Essen zusammen und führt, am Tisch sozusagen, ein Gespräch über die vielen Möglichkeiten seiner Deutung? Warum soll dabei nicht dem einen diese Lösung einfallen und dem anderen jene? Alle menschlichen Erklärungen sind Versuche, das Gespräch über sie wird offen sein können für Rede und Gegenrede. Sie sind veränderbar, sie sind bedingt, sie haben ihre Schwierigkeiten. Ihre Wahrheit bleibt in der Andeutung. Legen wir die Bibel auf den Tisch, offen, und schützen wir uns selbst und die anderen vor trennendem Streit.

Ich bin überzeugt, dass wir eines Tages so weit sein werden, dass zwischen evangelischen und katholischen Christen selbstverständliche Abendmahlsgemeinschaft herrschen wird. Vielleicht dauert es noch hundert Jahre. Aber dann werden die »ewigen Wahrheiten« die uns getrennt hatten, endgültig ihre Zeit- und Geschichtsgebundenheit erwiesen haben. Warum sollen wir, was in hundert Jahren wahr sein wird, nicht heute schon als Wahrheit erkennen? Unter katholischen Priestern spricht man von »vorauseilendem Gehorsam«, wenn man etwas tut, das noch nicht erlaubt ist, und von dem man wissen kann, es werde eines Tages erlaubt sein. Ein evangelischer Mensch kennt den Begriff »Gehorsam«

gegenüber einer kirchlichen Lehre oder einer Kirchenleitung nicht. So spreche ich lieber von vorauseilender Einsicht, von vorauseilendem Glauben, von vorauseilender Festfreude, von vorauseilender Verkündigung des Reiches Gottes unter den Menschen.

Ein Wort von *Gerhard Tersteegen* (1697-1769) möchte ich anfügen. Sinnvoller als der Streit um die Deutung wird immer die Anbetung der Gegenwart Gottes sein. Tersteegen spricht von der »realen Präsenz Gottes«, wenn er schreibt (vgl. Evangelisches Gesangbuch Nr. 165):

> Gott ist gegenwärtig.
> Lasset uns anbeten
> und in Ehrfurcht vor ihn treten.
> Gott ist in der Mitte.
> Alles in uns schweige
> und sich innigst vor ihm beuge ...

Es geht nicht um den ewigen Streit. Es geht darum, dass wir fähig werden, ein Geheimnis zu ehren, indem wir ihm Raum geben. Unsere klugen Gedanken können ihm diesen Raum nur einengen. Lassen wir unsere Gedanken ruhen, wo an ihrem Handwerk kein Bedarf ist.

X.

Das Vaterunser, ein Tischgebet

An das Hochgebet schließt sich in den meisten Ordnungen der Abendmahlsfeier das Vaterunser an. Es wird in dem Wortlaut gesprochen, der zwischen der evangelischen und der katholischen Kirche vereinbart ist:

Vater unser im Himmel.
Geheiligt werde dein Name.
Dein Reich komme.
Dein Wille geschehe,
wie im Himmel, so auf Erden.
Unser tägliches Brot gib uns heute.
Und vergib uns unsere Schuld,
wie auch wir vergeben unsern Schuldigern.
Und führe uns nicht in Versuchung,
sondern erlöse uns von dem Bösen.
Denn dein ist das Reich und die Kraft
und die Herrlichkeit in Ewigkeit.
Amen.

Hier kann nicht der Ort sein, dieses Urgebet der Christen in seiner ganzen Tiefe auszuloten und in seiner ganzen Breite abzuschreiten. Hier möchte ich nur andeuten, was wir damit ausdrücken, dass uns dieses Gebet ein selbstverständliches Element unseres Abendmahlsgottesdienstes ist, was es also bedeutet, dass wir es als Tischgebet sprechen.

Wir sagen: *Vater*, wir kommen in dein Haus. Du hast uns die Tür geöffnet. Wir treten an deinen Tisch und nehmen die Gaben an, die du uns gibst. Sie sind für uns Himmel und Erde. Wir nehmen sie zu uns als Zeichen deiner Güte, du Gastgeber.

Dein Name werde geheiligt. Überall, wo du bist und wirkst, werden die Dinge heilig. Die Nahrung, in der du uns das Leben gibst, ist heilig durch deine Gegenwart. So nehmen wir die Früchte des Ackers in Ehrfurcht an wie dich selbst.

Zu uns komme dein Reich. Du sagst: Ein festliches Mahl wird euch, ihr Menschen, in meinem Reich empfangen. Wir feiern also dein Reich voraus in dem kleinen Fest deines Mahls.

Dein Wille geschehe. Du willst, dass wir in Frieden feiern, geschwisterlich verbunden. So wollen wir jeden Menschen aufnehmen, der mit uns feiern will.

Unser tägliches Brot gib uns heute. Gib es allen Menschen dieser Erde. Gib es allen deinen Geschöpfen. Lehre uns zu teilen. Brot zu teilen ist die Kunst, die an deinem Tisch zu lernen ist.

Und vergib uns unsere Schuld. Du hast uns in deiner Güte aufgenommen. So lass nun Güte ausgehen von uns, damit dein Friede unter uns Raum findet.

Und führe uns nicht in Versuchung. Die Gefahr ist, dass uns das Vertrauen in deine Nähe und an deine Verlässlichkeit verlässt. Gib uns Halt und Festigkeit in den Zeichen von Brot und Wein.

Erlöse uns von dem Bösen. Von unserer Habgier. Von unserer Rücksichtslosigkeit gegen über den Geschöpfen der Erde. Erlöse uns von uns selbst und von den engen Grenzen, die unsere Selbstsucht absteckt.

Denn dein ist das Reich und die Kraft und die Herrlichkeit in Ewigkeit. Alles, was lebt und atmet, ist dein Reich. Alles ist erfüllt mit deiner Kraft. Alles bezeugt deine heilige Liebe. Wir sind aus dir. Wir sind in dir. Du bist in uns. Wir sind dein Haus. Du bist das unsere. Dank sei dir in Ewigkeit.

XI.

Das Bild vom Lamm und der Friede

Nach dem Vaterunser wird das Wort »unser« wichtig. Wir schließen Frieden mit den Nachbarn recht und links, hinter uns und vor uns. Der der Feier vorsteht, sagt es uns vor: »Der Friede des Herrn sei allezeit mit euch«, und wir sprechen es ihm nach: »Friede sei mit dir«. Wir hören: »Gebt einander ein Zeichen des Friedens!« So sehen wir uns nach allen Seiten um, nach Händen, die wir ergreifen, nach Menschen, die wir in den Arm nehmen können. Schon die Briefe des Neuen Testaments berichten, der heilige Kuss sei in der ersten Gemeinde selbstverständliche Sitte gewesen, und so geben wir, wenn wir dazu die Freiheit haben, denen um uns her eben jenen Kuss des Friedens.

»Frieden« meint ja nicht nur, es gebe keine Gegnerschaft, keinen Hass, es meint mehr. Es meint: Ich sehe dich! Ich nehme dich wahr. Du gehörst zu mir, wer du auch seist. Ich will mich kümmern, wenn du mich brauchst. Wenn Frieden ist, dann gibt es keine Fremdheit, keine Abneigung, kein Abstandsbedürfnis, aber natürlich auch keinen besonders ehrfürchtigen Respekt vor dem einen oder anderen bedeutenden oder mächtigen Menschen. Jesus sagte eben dies bei jenem Mahl: »Frieden hinterlasse ich euch. Meinen Frieden gebe ich euch« (Johannes 14,27). So soll also nun Frieden von uns ausgehen, hier und draußen. Jetzt und danach.

Wie entsteht Frieden? Wie kommt er zustande? Wer räumt aus dem Weg, was ihn hindert? An dieser Stelle hören oder singen wir ein sehr altes Lied, mit dem das Abendmahl der Christen an das jüdische Passa anschließt. Dort wurde ein Lamm geopfert und diente den versammelten Gästen zur Speise. Wir hören also:

Agnus Dei,
qui tollis peccata mundi:
miserere nobis.

Lamm Gottes,
du nimmst hinweg die Sünde der Welt:
Erbarme dich unser.

Lamm Gottes,
du nimmst hinweg die Sünde der Welt:
Erbarme dich unser.

Lamm Gottes,
du nimmst hinweg die Sünde der Welt:
Gib uns deinen Frieden.

Die seltsame Bildrede kommt aus sehr ferner Vergangenheit zu uns, und sie gehört zu den immer wieder einer Erklärung bedürftigen archaischen Chiffren des christlichen Glaubens. Hinter ihr steht ein uraltes Ritual: An den Tempeln der Alten Welt fanden durch Jahrtausende hin Opferfeiern statt, durch die die Menschen einer Stadt oder eines Landes mit ihren Göttern und Göttinnen ins Reine zu kommen suchten. Sie verstanden, dass der Wille dieser Gottheiten bestimmte Haltungen, ein bestimmtes Tun forderte und dass er ständig missachtet wurde. So musste zwischen den Menschen und den Göttern etwas geschehen, ehe sie sich von den Menschen abwenden und sie dem Unheil überlassen würden. Die Menschen brachten von dem, was ihnen lebensnotwendig und darum kostbar war, etwas zum Tempel, ein Rind, ein Schaf, und opferten es dort. Es durfte keinen Fehler haben und nicht krank sein. Nach dem Opfer konnten sie annehmen, es sei nun alles in Ordnung zwischen der Gottheit und ihnen. Da aber danach ihr Leben im selben Unrecht weiterging, musste das Opfer ständig wiederholt werden. So gab es das Opfern von Lämmern oder Rindern auch noch zur Zeit Jesu am Tempel in Jerusalem. Die Schuld der Menschen wurde gleichsam auf das Tier gelegt, das Tier also hatte die Sünde der Menschen zu »tragen« und erlitt den Tod, den eigentlich die Menschen verdient hatten.

Nun könnte man dies alles für eine primitive Stufe des menschlichen Gottesbewusstseins halten. Man sollte dabei aber nicht übersehen, dass es bis zum heutigen Tag zu den gültigen Lebensgesetzen gehört, dass eine Wandlung der Beziehungen zwischen Menschen nur dort gelingen wird, wo Standpunkte, Interessen, Machtansprüche geopfert werden. Dass es Wandlungen im einzelnen Menschen selbst nur dort gibt, wo irgendetwas schon Gewonnenes geopfert wird, und dass der Weg zum reifen Menschen über viele Stufen von Leid, Verzicht und Opfer führt. Das Opfer gehört untilgbar zur Grundschrift der Lebensgesetze, die für uns Menschen gelten. Und die Kraft des Opferns erweist sich darin, dass etwas überwunden werden kann, was zurückliegt, zurechtgerückt, was verschoben ist, gelöscht, was sich durch schuldhaftes Tun zerstörend ausgewirkt hat. Wer nicht fähig ist, ein Opfer zu bringen, wird immer an irgendeiner Stelle seines Wesens unentwickelt bleiben. Dem Leben und seinen Gesetzen gerecht wird eher der Mensch, der sich zurücknimmt, als der Siegertyp, der sich durchsetzt.

Das Bild vom Lamm hat freilich die Kirche und ihr Nachdenken nicht ungefährlich in die Irre geführt. Das Lamm ist ja das Mittel, das der Mensch anwendet, um die Götter günstig zu stimmen. Nun sagte man: Weil Jesus gestorben ist, ist uns Gott günstig. Der Tod Jesu hat die Einstellung Gottes zu uns Menschen geändert. Und damit hat man die geschichtliche Logik im Leben und Tod Jesu umgekehrt. Man hat die Ursache und die Folge vertauscht. Es ist heute klar, dass Jesus von den Mächtigen seiner Zeit und seines Volks umgebracht wurde, weil er den Ärmsten und den Unmoralischen in den Dörfern Galiläas die Liebe Gottes zusagte, ohne dass sie etwas zu bekennen oder zu büßen brauchten oder etwas zu tun, mit dem sie sich der Priesterschaft am Tempel gefügig zeigten. Jesus sprach von einer anderen Einstellung Gottes zu uns Menschen als der, von der man am Tempel in Jerusalem überzeugt war. Er zeigte sie anschaulich, indem er diese Menschen zu seinen Mahlzeiten einlud, ihnen ihre Sünden vergab und sie an Leib und Seele heil machte. Sie mussten nicht beweisen, dass sie sich geändert hatten. Sie empfingen vielmehr durch die Güte dieses Mannes die Kraft und die Chance, sich zu ändern. Sie mussten weder ihre Sünden aufzählen, noch eine Strafe für sie auf sich nehmen.

Man hat immer wieder gesagt: Gott sei zornig über uns Menschen. Wenn nicht sein eigener Sohn für unsere Sünden gestorben wäre, hätte Gott sie nicht vergeben können. Man trat in die Rolle jener Priester ein, die da sagten: Wenn du nicht dein Lamm opferst, dann kann Gott dir nicht gnädig sein. Mit eben dieser Vorstellung zerbricht in unzähligen Menschen genau das Vertrauen und der schlichte Glaube, die Jesus in ihnen wecken will. Es ist doch umgekehrt: Weil Jesus nicht vom zornigen, richtenden, fordernden und rächenden Gott sprach, sondern so, dass das ganze religiöse Ritual am Tempel überflüssig wurde, nämlich vom Vater, darum musste er sterben.

Man hat immer wieder gesagt, Gott müsse versöhnt werden. Aber schon Paulus spricht anders: Er sagt: »Wir bitten euch an der Stelle des Christus: Lasst euch versöhnen mit Gott!« (2. Korintherbrief 5,20) Denn das wollte Christus: Dass sein Tod uns mit Gott versöhnt. Dass wir unsere allzu menschlichen, unsere allzu verqueren Vorstellungen von Gott weglegen und zu ihm heimkehren. Nicht Gott muss versöhnt werden, sondern der Mensch. Er soll seine Anklagen gegen Gott zurücknehmen. Er soll sein Bild vom rächenden und strafenden Gott beiseite tun und verstehen, dass Gott uns entlasten will, freimachen und ermutigen, dass er uns nicht die Strafe, sondern das Leben zugedacht hat.

Es wird immer wieder gesagt, das sei wohl zu einfach gesehen. Damit werde es den Menschen ungebührlich leicht gemacht. Aber es war wirklich »so einfach«! So einfach, dass die Analphabeten von Galiläa es mit nach Hause nehmen konnten. Erst unsere christliche Theologie hat ihre babylonischen Türme darüber gebaut. Was Jesus gesagt und getan hat, war von Anfang an und bis zum Ende so einfach wie die Geschichte vom verlorenen Sohn (Lukas 15,11-32). Es war seine Aufforderung: Lass dein verdorbenes Leben hinter dir! Geh nach Hause! Du wirst in Liebe empfangen werden. Der Weg der Hingabe, den Jesus um der Erniedrigten und Beleidigten willen ging, endete mit seinem Tod. Dieser Tod war der Beleg dafür, dass er es, so wie er es gezeigt hatte, ernst meinte. Dass er bis zum Ende dazu stand. Und dass dieser Tod den Menschen die Gewissheit ihres Heils gab und den Frieden, der von Gott kommt.

Wenn du vom Mittelschiff einer katholischen Kirche seitlich hinüber siehst an die Seitenwände, dann siehst du dort möglicherweise eine Darstellung des Leidensweges Jesu, einen »Kreuzweg«. Das ist eine Folge von Bildern, in denen die Geschichte der Passion dargestellt ist von der Verurteilung durch Pilatus an über die Geißelung, den Weg nach Golgatha, die Kreuzigung, die Kreuzabnahme bis hin zum Begräbnis. Solche Kreuzwege in sieben oder vierzehn Bildern begleiten uns vom Eingang bis nach vorn zum Altar, damit wir diesen Weg des Opfers, des Verzichts und der Stellvertretung für unser eigenes Leben einüben.

Es hat einen tiefgehenden Verlust an konkreter geistlicher Einübung bedeutet, als die Reformation die alten Kreuzwege aus den Kirchen entfernte. Ihre Frömmigkeit wandte sich dem Kreuz zu, aber das ganze Feld des Einübens in das Leiden Jesu geriet dabei ins Unklare. Unklar wurde dabei etwa, dass es darum geht, den Misserfolg zu wählen um der Liebe willen, oder dass Würde und Recht keine letzten Werte sind, sondern geopfert werden können. Dass Gewaltlosigkeit keine Utopie ist, sondern Nachvollzug des Weges Jesu. Dass am Ende die Liebe zum Feind ein unentbehrliches Element christlichen Glaubens ist, eine Spiegelung der Stellvertretung Jesu. Wir werden noch lange brauchen, um die Maßstäbe wiederzufinden, die für den Weg von Christen in der Nachfolge Jesu Geltung haben.

Wichtig ist dabei die Szene, die dem Kreuzweg vorausgeht, wie Jesus den Seinen die Füße wäscht (Johannes 13). Er sagt damit: Tut an den Menschen, was ich euch tue. Setzt euch ihnen zu Füßen. Hört ihnen zu. Lasst sie reden. Nehmt ihre Füße in die Hand, die schmutzigen, die den Staub und den Geruch der Straße an sich haben. Wascht sie. Biegt sie richtig. Massiert sie. Verbindet sie. Stellt die Menschen auf geheilte, nicht mehr schmerzende Füße. Sie sind müde vom Stehen und Gehen, von den Lasten, die sie zu tragen haben. Lasst euch diese Arbeit nicht von anderen abnehmen. Tut sie selbst. Tut, was ich tue.

Und wir können ihm antworten:

Christus, du Lamm Gottes,
der du uns trägst,
die Verletzten und die Schuldigen,
und verwundbar bist.

Mache uns verwundbar,
damit wir nun dich tragen,
du kostbares Leben,
zu allen, die deines Lebens bedürfen.

Aber nicht die Klage kann das Letzte sein, das über unsere Lippen geht. Jesus lebt. Er ist auferstanden. Er ist gegenwärtig. Wir sind in ihm. Es gibt ein schönes Wort des *Sophokles* (5. Jh. v. Ch.), das der große griechische Dichter in seiner Tragödie »Ödipus auf Kolonos« nach des Ödipus Tod dem Theseus in den Mund legt:

Lasst ab nun
und wecket keine Klage mehr auf
fürderhin.
Immer und überall nämlich
bewahrt, was irgend geschah,
in sich sein Ziel: die Vollendung.

Nicht die Klage kann für uns das letzte Wort sein, denn wir sehen das Ziel, die Vollendung. Die Auferstehung, die eigentlich erst die Deutung für den Tod des Jesus von Nazareth auftut. Sehen wir zu, dass unser eigener Weg sein Ziel, die festliche Vollendung, nicht verfehlt. Denn im Licht der Auferstehung wird das Abendmahl aus einer Trauerfeier für den toten Jesus zu einem festlichen Spiel, in dessen Mitte wir die Liebe Gottes zu den Menschen feiern.

XII.

Wir sind Brot und Wein

Von dem Brot, das auf dem gemeinsamen Tisch liegt, sagt das Evangelium: Es ist Christus selbst. Und merkwürdig: Auch von uns, die um den Tisch versammelt sind, sagt es: »Ihr seid Christus selbst. Das Brot ist sein in die Sichtbarkeit getretenes Wesen. Sein sichtbares Wesen seid auch ihr selbst. Ihr seid wie das Brot sein Leib. Seine Erscheinung. Ihr seid Christus in leiblicher Gestalt. Ihr seid die Kirche.«

So fragt Paulus einmal die Christen in Korinth:

Der Kelch, über dem wir den Segen sprechen,
schafft er nicht die Gemeinschaft,
die Jesus mit seinem Blut geschaffen hat?
Das Brot, das wir brechen,
ist es nicht das Zeichen der Gemeinschaft,
die wir mit ihm haben,
die wir im Leib Christi sind,
mehr noch: die wir sein Leib sind?
Denn es ist ja ein Brot, das wir essen.
So sind wir vielen ein Leib dadurch,
dass wir alle am selben Brot teilhaben.

1. Korintherbrief 10,16 f.

Und im gleichen Brief schreibt Paulus (12,27):

> Ihr seid der Leib des Christus
> und jeder auf seine Weise sein Glied.

Im *Kolosserbrief* (1,18) lesen wir:

> Er, Christus, ist das Haupt seiner Gemeinde,
> und sie ist sein Leib. In ihr wird er sichtbar.

Es gehört zu den Absurditäten in der Geschichte der Christenheit, es gehört zum Widersinnigen bis zum heutigen Tag: Jesus stiftet das Abendmahl als das sichtbare Zeichen, das die Seinen miteinander verbinden soll und ihre Gemeinschaft ausdrücken. Er sagt an jenem Tisch in seinem Gebet:

> Heiliger Vater, bewahre sie in dir,
> so dass sie eins sind, wie wir eins sind ...
> Sie sollen alle eins sein,
> wie du, Vater, in mir bist und ich in dir.

> *Johannes 17,11.21*

Eben dieses Zeichen der Gemeinsamkeit wird in jahrhundertelangem und nicht enden wollendem Streit zum eklatantesten Zeichen der Gespaltenheit, der Zerrissenheit der Kirche. Noch heute zerbrechen sich die Klügsten, die Willigsten und Offensten unter den Führenden in der Christenheit die Köpfe, wie man zu einer gemeinsamen Feier durchdringen könne – und finden keinen Weg. Dabei weiß jeder, dass die getrennte Eucharistiefeier auf keinen Fall auf die Dauer aufrechterhalten werden kann. Dass alles auf das Gemeinsame zuläuft. Aber wie das zu bewerkstelligen sei, darüber hat niemand eine Auskunft. So bleibt den Geduldigen die Resignation und die Trennung, den Ungeduldigen das eigenmächtige Vorgreifen auf eine schlichte, gefeierte Gemeinsamkeit.

Ihr seid der sichtbare Christus. Fremde Menschen, die euch sehen, erkennen Christus nicht an den Kruzifixen, die in euren Kirchen stehen. Sie erkennen ihn an euch. Und sein Licht wird ihnen aufgehen, wenn sie die Liebe und den Frieden sehen, der von euch ausgeht. Er wird ihnen dunkel bleiben, wenn ihr selbst kein Licht habt. Solange ihr gegeneinander steht, könnt ihr reden, so viel ihr wollt. Man wird es nicht hören. Indem ihr die Grenzen zwischen euch durchlässig macht, kann Frieden von euch auf die Menschen dieser Erde ausgehen. Ihr werdet ihnen zeigen können, wie Elend endet: durch das gemeinsame Mahl. Also feiert, so höre ich Jesus, festlich, farbig, fröhlich, grenzenlos wie ich selbst mit den Armen von Galiläa gefeiert habe.

Indem ihr das Brot brecht und den Wein trinkt, gebt ihr einander das Leben mit. Indem ihr im Wein und im Brot selbst gegenwärtig seid, schenkt ihr euch selbst einander. Ihr müsst nichts festhalten. Macht die Türen auf. Die Fenster. Die Herzen. Ihr gehört zusammen. Alles, worüber ihr nachdenken müsst, lässt sich später klären.

Aber Christus hat nicht nur mit euren Gottesdiensten, sondern mit der Welt überhaupt zu tun. Ihr feiert euer Fest mit dem Brot, das, wie es ein altes Gebet sagt, von den Bergen gesammelt wurde, und mit dem Wein, der in der Sonne gereift ist. So wisst ihr, dass in der Erde Gottes Geist ist wie in euch selbst, dass die Erde ein Sakrament ist wie das Brot und wir ihr selbst. Es hat sich in den letzten Jahrzehnten an unserem Glauben etwas verändert. Er ist leiblicher geworden, erdnäher. Eine neue Sensibilität ist spürbar geworden. Wir haben verstanden, dass uns die Erde nicht gehört, dass wir Gäste der Erde sind und mit ihr umgehen müssen, wie man mit etwas Kostbarem, Anvertrautem umgeht. Uns wird nicht nur der Mensch heilig, sondern das Leben aller Kreatur.

Christus hat es nicht nur mit unserer Kirche zu tun, sondern mit dem gemeinsamen Leben auf dieser Erde. Es ist heute überdeutlich: Nie standen wir Menschen einander so nah, so wie an einem runden Tisch einander gegenüber wie heute. Wir sitzen miteinander zu Tisch als Nutznießer oder Übervorteilter, als Gläubiger oder als Schuldner. Wir können es mit

Händen greifen: Die Tischgemeinschaft, die Jesus gestiftet hat, wird zum Bild für eine Menschheit, deren Geschichte auf etwas Heilvolles hinauslaufen soll. Sie ist nicht mehr nur ein binnenkirchliches Leitbild, sondern vor allem das prophetische Zeichen für eine weltoffene Tischgemeinschaft aller Menschen. Wo aber, im Kleinen oder im Großen, durch uns etwas wie Gerechtigkeit entsteht, da wird das gemeinsame Leben, das wir möglich machen, zu einem sakramentalen Zeichen, das heißt einem Zeichen, in dem Christus Gestalt wird. Wie im Brot. Wie in uns selbst.

Kennzeichen für eine Kirche, die Leib Christi ist, können jene offenen Türen sein an Domen und Dorfkirchen, durch die jeder treten kann und hinter denen er findet, was er zum Leben braucht. Eben jene Tische für Nichtsesshafte, für Rentner, für müde Schulkinder, für Alte und Alleinstehende, die in den sogenannten »Vesperkirchen« stehen. Denn wo immer die Türen offen sind und die Tische gedeckt, wo immer das Brot gebrochen und das Brot wie der empfangende Mensch gesegnet, da ist Christus, da ist Kirche. Denn Jesus hatte nichts im Sinn mit der Freiheit des Wirtschaftens und des Verbrauchens, viel aber mit der Kunst des Teilens. Wo nicht ohne Grenzen geteilt wird, ist es nicht die Eucharistie, die wir feiern. Also, ihr Christen: Wenn ihr wissen wollt, wozu ihr auf der Welt seid, wandelt euch in Brot. Seid Wein. So werdet ihr es wissen.

XIII.

Dankbare Heiterkeit

Da erglänzt in reiner Helle
auf dem Tisch Brot und Wein,

so hatte *Georg Trakl* geschaut (vgl. S. 7f.). Brot liegt auf einem flachen
Teller. Einer erhebt es auf und sagt, im Anklang an das Wort jenes Mannes, der nicht wagte, Jesus in sein Haus zu bitten (Matthäus 8,8):

Herr, ich bin nicht wert, dass du unter mein Dach gehst,
aber sprich nur ein Wort, so wird meine Seele gesund.

Vielleicht spricht jemand noch ein Gebet wie das, das die russischen Bauern während der Aussaat sprachen:

Herr, gestalte, vermehre und lass gedeihen,
dass es reicht für jedermann:
für den Hungernden:
und den Verwaisten,
für den Fordernden
und den Bittenden,
für den, der es sich nimmt,
für den, der Gott preist,
und auch für den,
der undankbar davongeht.

Oder auch die schönen Verse von *Reinhold Schneider* (1903 - 1958):

> Du bist das Brot, vom Altar strömt dein Leben
> in unser irdisch Leben ein.
> Willst du dem Tische deinen Segen geben,
> soll auch der Tisch geheiligt sein.
> Was wir empfangen, wollen wir erheben,
> wie du beim heil'gen Mahl getan.
> Lass alle leben, Herr, von deinem Leben,
> nimm auch die Toten gnädig an.

Du stehst also vor dem Tisch oder sitzt in einer Runde, du stehst im offenen Kreis oder du gehst in einer Kette von Menschen langsam zum Altar und empfängst auf diese oder jene Weise das Brot und danach, wenn es die Tradition dieser Kirche so will, den Kelch. Während der Austeilende es dir gibt, sagt er, was dabei geschieht:

> Christus spricht:
> Nimm und iss.
> Das bin ich, Christus.
> Ich will in dir Frucht schaffen.
> Leben und lebendige Kraft.
> Leben in Ewigkeit.

Und:

> Christus spricht:
> Nimm und trink.
> Das bin ich, Christus.
> Ich will in dir wirken.
> Festliche Freude schaffen in dir.
> Denn alles ist gut. In Ewigkeit.

Oder ein wenig anders:

Das ist Christus.
Er spricht: Ich bin das Brot.
Nimm und iss.
Ich komme zu dir.
Ich bin bei dir.
Du wirst leben in Ewigkeit.

Das ist Christus.
Er spricht: Ich bin der Weinstock.
Ich will in dir wirken.
In dir reifen,
bis du ganz in mir bist.
Lebendig wie ich in Ewigkeit.

In diesen Augenblicken wird es sehr still in unserer Kirche. Es ist das Innerste. Das Heilige. Das kaum Berührbare. Ich, der Mensch, bin nur noch der Empfangende. Und was ich empfange, ist Gott selbst, der in mir eine leise Stimme der Dankbarkeit weckt.

In den »Geistlichen Sinn- und Schlußreimen« des *Angelus Silesius* (1624 - 1677), dem »Cherubinischen Wandersmann«, heißt es:

Ein Herze, das zu Grund Gott still ist, wie er will,
Wird gern von ihm berührt; es ist sein Lautenspiel.

So nimmt die Feier des Mahls auch die Gestalt eines heiligen Spiels an. Was wir da tun, hat ja keinen Zweck. Wir verfolgen keine Absicht. Wir lassen etwas an uns geschehen und äußern nur, was in uns hineingespielt hat. Vielleicht verstehen wir dabei, dass es nichts Ernsthafteres, nichts Wesentlicheres gibt als das reine Spiel.

Ich habe manchmal den Eindruck, was uns in unseren Kirchen immer wieder fehle, sei das geistliche Spiel. Denn die innersten Dinge, die am behutsamsten zu schützen sind, werden besonders erlösend in Bilder und Worte gefasst in einem Spiel. Im Fest bringen wir eine Hoffnung auf die Erde. Wir spielen die Zukunft vorweg. Es kann auch ein dramatisches Spiel sein, ein kämpferisches. Es kann sich in ihm etwas ereignen wie ein Ende des Streits, Versöhnung mit Gott und den Menschen, Gelingen und Scheitern. Wenn es schließlich geschieht, so kann in ihm die Hoffnung wachsen, es werde etwas wie Sinn und Ertrag sich am Ende des Menschenlebens zeigen. Und wo sollte man Feste feiern können, wenn nicht unter Christen? Wo sollte ein Fest mit gemeinsamem Dank, Spiel, Tanz, Essen, Trinken, Beisammensein, Austauschen, mit Musik und Singen, in Fülle und Frieden noch möglich sein, wenn nicht unter Christen?

Was wir wiederfinden müssen, das sind die Spielführer, die Tanzmeister. Menschen, die Spiele erfinden, inszenieren, aufführen. Die Festüberlieferung unserer Kirche ist überreich. Sie droht verloren zu gehen. Es ist immer viel Musik, viel Singen und Sichbewegen in unseren Kirchen gewesen. Immer wollte man damit sagen: Fromm sein heißt glücklich sein. Die Welt ist kein Jammertal, sie ist Klang, ist Schwingung. Johannes Kepler (1571 - 1630) hat gesagt, Erde und Weltall seien ein singender Chor; und der Kirchenvater Basilius, sie seien ein Reigentanz.

Rainer Maria Rilke (1875 - 1926) dichtet in seinen Sonetten an Orpheus:

Nicht sind die Leiden erkannt,
nicht ist die Liebe gelernt,
und was im Tod uns entfernt,
ist nicht entschleiert.
Einzig das Lied überm Land
heiligt und feiert.

So gehen wir auseinander, um Lasten erleichtert, von Sorgen losgebunden, und verlassen uns auf das heimliche Wachstum des Reiches Gottes in unserer Seele. Wir hören Jesus sagen:

Schaut die Lilien auf dem Feld.
Schaut und legt eure Angst und Sorge ab.
Sagt nicht: Was sollen wir essen?
Was sollen wir trinken?
Was sollen wir anziehen?
Ihr habt euer Leben aus Gott,
das ist mehr als die Nahrung, die ihr braucht.
Euer Vater weiß, dass ihr sie nötig habt.
Setzt euch ein für das Reich Gottes
und für die Gerechtigkeit, die er will.
Alles übrige wird euch zufallen.

Matthäus 5,28-33

Ich sehe in Jesus einen ungemein heiteren Menschen. Einen überlegenen Menschen, der sich zugleich wunderbar gütig gibt. Aber die Heiterkeit ist alles andere als einfältig. Sie bewirkt ein Leben, das zwar mühevoll bleibt, das aber ganz unverkrampft von dem zehrt, was ein gnädiger Gott ihm zukommen lässt. Die Seligkeit, von der Jesus spricht, ist jene Freude, die aller Erfahrung an Gewicht unendlich überlegen ist. Ich höre Jesus fragen: Weißt du eigentlich, wie farbig, wie schön und lebenskräftig dein Leben sein kann? Wie viel Frieden dir zugedacht ist? Lass es alles wachsen in dir!

Noch eins beginnen wir zu entdecken. In der Ursprungssituation des Mahls am letzten Abend vor dem Tod Jesus wurde ein wirkliches Mahl gefeiert. Brot und Wein wurden vor und nach der festlichen Mahlzeit gereicht. Damals nahm Jesus das Brot, dankte, und zwar mit den

Worten, die dem Juden damals vorgegeben waren:

> Gesegnet seist du, Ewiger, unser Gott, König der Welt,
> der das Brot aus der Erde hervorbringt.

Und nach dem Mahl wieder mit dem Gebet, das der Jude über dem Becher sprach:

> Gesegnet du, Ewiger, unser Gott, König der Welt,
> der du den Wein aus der Erde hervorbringst.

Dazwischen aber wurde ein volles, reiches Mahl gefeiert. Viele feiern es heute wieder so, auf Kirchentagen etwa. Es sind wieder die Spielführer, die sich die Form und die Weise einfallen lassen, in denen es auf würdige und festliche Weise geschehen kann.

XIV.

Abschied und Aufbruch

Am Ende hörst du einen Segen. Eine Frau oder ein Mann breitet am Altar stehend die Arme aus und spricht ihn dir im Namen Gottes zu. Und wie ein Siegel darauf, dass er gilt, schlägt er mit der rechten Hand das Zeichen des Kreuzes.

»Segen« meint eine Kraft, aus der Wachstum und Fruchtbarkeit hervorgeht. Es soll also etwas Neues in dir entstehen. Es soll etwas in dir gedeihen, das Brot ist für dich. Es soll dir ein Wort für andere gegeben werden, das für sie Brot wird. Frieden soll in dir entstehen, für dich selbst und für die anderen. Vielleicht hörst du eines der traditionellen Segensworte, vielleicht auch eines, das dem Sprechenden unmittelbar gegeben wurde, das ihm selbst einfiel wie dieses:

Der Herr segne dich.
Er lasse dich wachsen und gedeihen.
Er lasse dich blühen und Frucht bringen.
Sei nun ein Segen für viele,
wie Christus dich segnet.

Vielleicht spricht er oder sie dir auch einen Segen zu, wie er im alten Irland gesprochen wurde:

Gott segne dir den Weg, den du nun gehst.
Gott segne dir das Ziel, für das du lebst.

Sein Segen sei ein Licht um dich her
und innen in deinem Herzen.
Aus deinen Augen strahle sein Licht
wie zwei Kerzen in den Fenstern eines Hauses,
die den Wanderer einladen, Schutz zu suchen
vor der stürmischen Nacht.
Wen immer du triffst, wenn du über die Straße gehst,
ein freundlicher Blick von ihm möge dich treffen.
Gott schütze dich! Geh in seinem Frieden.

Nach dem letzten Wort bleibst du mit den anderen zusammen im Gespräch oder du gehst deiner Wege. Aber nicht wie am Anfang. Es ist etwas in dich eingegangen. Wenn du jetzt über dich selbst reden würdest, könntest du es so tun:

- Ich weiß jetzt besser, wer ich bin. Ich muss meinen Wert nicht selbst schaffen, den gibt mir die Liebe Gottes.

- Ich vertraue nicht auf meine Leistung. Ich scheitere nicht an meinem Versagen. Mich hält die Liebe Gottes.

- Ich ängste mich nicht. Ich stehe in Gottes Hand und werde in ihr bleiben. Ich kann aufatmen und leben.

- Wenn ich falle, dann ist einer, der mich auffängt.

- Ich lebe, mitten im Streit, im Frieden. Nichts kann mir schaden.

- In mir ist Gott. Ich bin in Gott. Ich ruhe in der Ruhe Gottes.

- Das Leid und das Unglück, die mich treffen, sind nicht das Letzte. Wenn die Nacht vorüber ist, wird Tag sein. Und der Tag wird mich in Licht verwandeln.

- Ich höre eine ferne Musik. Ich höre, dass alles gut sei. Gott ist alles in allem. Er ist alles auch in mir.

Und wenn du wieder die Straße betrittst, dann findest du vielleicht ein paar Regeln, Maßstäbe, die du an Christus abnimmst. Vielleicht sagst du:

- Ich brauche mich nicht zu scheuen, den Kürzeren zu ziehen. Wenn ich bereit bin, den Kürzeren zu ziehen, bin ich auf dem Weg zur Gerechtigkeit.

- Ich kann mir etwas entgehen lassen. Das ist der Weg zur Rettung der Erde.

- Ich kann darauf verzichten, immer siegen zu wollen. Das ist der Weg zum Frieden.

- Ich sorge nicht immer nur für mich selbst. Das ist der Weg zum Glück.

- Ich möchte nicht für alles auf einen Lohn warten. Das ist der Weg zur Erfüllung.

- Ich will nicht ständig versuchen, mich zu sichern. Ich gehe frei auf einem offenen Weg.

- Denn in mir ist Christus. Und ich bin in Gott. Was will mir gefährlich werden?

Vielleicht auch versuchst du, in die Zukunft zu sehen, und sagst:

- Alles wird gut sein, denn Christus, diese Angesicht Gottes, wird mir am Ende meiner Wege wieder begegnen.

- Ich werde sehen, dass mein Geschick von Schritt zu Schritt sinnvoll war.

- Das Leid dieser Erde wird hinter mir liegen. Hinter uns allen. Das Unrecht wird ein Ende haben.

- Am Anfang war das Licht. Am Ende wird das Licht sein. Frieden wird sein.

- Denn es ist einer, der selbst der Friede ist.

Vielleicht auch sagst du dir ein Wort des Propheten Jeremia vor, lernst es auswendig.

> Gesegnet ist der Mensch, der auf Gott vertraut,
> der seine Hoffnung auf ihn setzt.
> Der ist wie ein Baum, am Wasser gepflanzt,
> der seine Wurzeln zum Bach hinstreckt.
> Wenn auch die Hitze kommt, fürchtet er sich doch nicht,
> sondern seine Blätter bleiben grün.
> Er sorgt sich nicht, wenn ein dürres Jahr kommt,
> sondern bringt ohne Aufhören Früchte.

Jeremia 17,7-8

Und du stellst dir vor, dass dein ganzes Leben wie ein Baum wird, wie der, von dem *Georg Trakl* gesprochen hat:

> Golden blüht der Baum der Gnaden
> aus der Erde kühlem Saft.

Der Baum bist du selbst.

Als die Begleiter Jesu in einer Nacht bei Sturm über das galiläische Meer fuhren und in ihrem Fischerboot mit den Wellen kämpften, da hörten sie aus dem Heulen der Elemente eine vertraute Stimme, die sagte: »Ich bin da. Fürchtet euch nicht!« (Matthäus 14,22-33)

Du kannst es nachsprechen: Es ist einer da. Der Sturm ist nicht souverän. Das Schiff hält stand. Der Morgen kommt, und die Meerfahrer machen ihr Boot fest.

Ich bin da, sagt Gott. Mitten in dem, was dir Angst macht, bin ich. Fürchtest du den Sturm? Ich bin's. Fürchtest du, was kommt? Ich bin's. Fürchtest du deine Krankheit? Ich bin mitten in ihr. Fürchtest du das

Sterben? Es wird eine Begegnung mit mir sein. Du brauchst dich nicht gegen die Welt abzuschirmen. Du brauchst weder in dir selbst noch an irgendeinem anderen weltabgewandten Ort Zuflucht zu suchen. Nimm die Herausforderung an, die in dieser Zeit liegt. Wenn diese Zeit von dir eine Änderung deiner Gesinnung verlangt – und sie tut es –, dann nimm ihre Forderung an. In dieser Zumutung begegnest du mir.

Du hast keine Angst nötig. Die Zukunft wird, in welcher Form immer sie dir entgegentritt, die Begegnung mit mir bringen. Du kannst nachdenken, wo andere der Hysterie verfallen. Du hast noch eine Güte zu geben, wo andere gezwungen sind zu hassen. Du wirst erleben, dass das Meer still wird, der Sturm sich legt und in der bedrohlichen Wassertiefe sich der Himmel Gottes spiegelt.

Vielleicht wirst du einmal am Ende deiner Tage so auf deinen Weg zurücksehen. Was du gearbeitet hast, liegt dann hinter dir. Leid, Schmerzen und Einsamkeit sind durchgestanden. Du hast nicht die Erfüllung aller deiner Träume gesehen, wohl aber die Güte Gottes. Und du kehrst im Frieden heim an seine Tür, in sein Haus und an seinen Tisch. Wohin sonst?

Und dann trittst du durch das Kirchenportal und über die alte Schwelle hinaus auf den Platz mit seinem Lärm und seinem Verkehr. Du brauchst dich gegen all das nicht zu wehren, das da um dich her braust und tönt. Lass es brausen. Und sieh, dass es alles Menschen sind, die hier ihre Wege gehen oder fahren, die hier drängen und deinen Frieden stören. Lass sie alle gelten. Gib ihnen etwas weiter von dem Frieden, der dir zugesprochen ist. Von der Stille, die in dir ist. Schau ihnen in die Augen. Grüße sie. Sie alle sind dir, und deiner Sorgfalt anvertraut. Ich wünsche dir die Fülle und das Glück.

Anhang

Es ist nicht die Absicht dieses Buchs, irgendetwas Neues vorzuschlagen. Es ist viel Schönes, neu und quellfrisch, in den vergangen Jahren an vielen Stellen unserer Kirchen zur Feier der Eucharistie gedacht, gesucht, gefunden und gestaltet worden, und ich selbst habe das eine oder andere dazu beigetragen. Hier geht es mir nur darum, das Alte, das uns überliefert ist und das wir heute noch festhalten und nachvollziehen – das noch immer von sehr vielen Menschen Geliebte und Bewahrte – neu in den Blick zu nehmen.

Neues zu gestalten ist möglich, wenn man das Alte kennt. Ohne solche Kenntnis kann eine Neugestaltung auch sehr ins Beliebige führen oder gar in die Ahnungslosigkeit abdriften. Noch immer sind wir mit dem, was wir an Neuem gefunden haben, an Sprachkraft, an Gedankentiefe und an überzeugender geistiger Architektur nicht an jeder Stelle über das Alte hinausgewachsen.

Um der Leserin / dem Leser eine Übersicht zu verschaffen über die Abläufe der Eucharistie in den verschiedenen Kirchen, lasse ich hier die liturgischen Ordnungen der katholischen Eucharistiefeier und des evangelischen Abendmahlsgotesdienstes (auch »Evangelische Messe« genannt) folgen; dann die »Lima-Liturgie«, ferner Beispiele einfacherer Formen einer evangelischen Abendmahlsfeier und eine kurze Wiedergabe der Ordnung, nach der auf evangelischen Kirchentagen das »Feierabendmahl« abläuft.

Die Messe

Zunächst ein Vergleich zwischen der katholischen Eucharistiefeier (auch »Messfeier« genannt) und dem evangelischen Gottesdienst mit Abendmahl (nach der 1999 eingeführten Agende für die Evangelische Kirche der Union und die Vereinigte Evangelisch-Lutherische Kirche Deutschlands, Grundform I, auch »Evangelische Messe« genannt). Diese nur geringfügige Unterschiede aufweisende, in einer langen Geschichte gewachsene Gottesdienstform ist ein ökumenisches Zeichen. Sie liegt nach Aufbau und Ausgestaltung dem Abendmahlsgottesdienst fast aller christlichen Kirchen zu Grunde.

KATHOLISCH	EVANGELISCH
1. Eröffnung	*1. Eröffnung*
Lied	Lied
Verehrung des Altars	
»Im Namen des Vaters«	»Im Namen des Vaters«
Schuldbekenntnis	Schuldbekenntnis
oder Taufgedächtnis	und Vergebungswort
	Psalmgebet
Kyrie	Kyrie
Gloria (»Ehre sei Gott in der Höhe«)	Gloria
Tagesgebet	Tagesgebet
2. Wortgottesdienst	*2. Verkündigung und Bekenntnis*
Erste Lesung	Alttestamentliche Lesung
Antwortpsalm	Gesang
Zweite Lesung	Epistel
Halleluja	Halleluja
Evangelium	Evangelium
Predigt	Credo

Credo (Glaubensbekenntnis)
Fürbittengebet

Predigt
Fürbittengebet

3. Eucharistiefeier

Gabenbereitung
Eucharistisches Hochgebet

    Eröffnungsrufe
    Präfation (Dank und Lobpreis)
    Sanctus (Dreimalheilig)
    Bitte um den Heiligen Geist
    Einsetzungsworte
    Gemeinderuf: »Deinen Tod,
    o Herr, verkünden wir«
    Anamnese (Heilsgedächtnis)
    Bitten
    Abschluss: »Durch ihn und
    mit ihm...«
Vaterunser
Friedensgruß
Brechung des Brotes
und Agnus Dei (»Lamm Gottes«)
Austeilung (Kommunion)
Danksagung
Schlussgebet

3. Abendmahl (erste Form)

Vorbereitung
Großes Lobgebet
(Eucharistiegebet)
    Eröffnungsrufe
    Lobgebet (Präfation)
    Sanctus
    Abendmahlsgebet I
    Einsetzungsworte
    Christuslob

    Abendmahlsgebet II

Vaterunser
Friedensgruß

Agnus Dei
Austeilung (Kommunion)
Danklied
Dankgebet

4. Segen und Entlassung

4. Sendung und Segen

Die Lima-Liturgie

Die gemeinsame evangelisch-katholische »Kommission für Glauben und Kirchenverfassung« legte in ihren Lima-Texten von 1982 folgenden Ablauf einer Eucharistiefeier fest:

- Loblieder
- Bußhandlung
- Zuspruch der Vergebung

- Verkündigung des Wortes Gottes – in verschiedenen Formen
- Glaubensbekenntnis (Credo)
- Fürbitte für die ganze Kirche und für die Welt

- Vorbereitung von Brot und Wein
- Danksagung an den Vater für die Wunder der Schöpfung, Erlösung und Heiligung (hergeleitet aus der jüdischen Tradition der »berakah«)
- Christi Einsetzungsworte des Sakraments gemäß der neutestamentlichen Tradition
- Anamnese oder Gedächtnis (Memorial) der großen Taten der Erlösung, des Leidens, des Todes, der Auferstehung, Himmelfahrt und Pfingsten, durch die die Kirche ins Dasein gebracht wurde
- Anrufung des Heiligen Geistes auf die Gemeinschaft und auf die Elemente von Brot und Wein (Epiklese, entweder vor den Einsetzungsworten oder nach dem Gedächtnis (Memorial) oder an beiden Stellen; oder ein anderer Hinweis auf den Heiligen Geist, der den »epikletischen« Charakter der Eucharistie angemessen zum Ausdruck bringt)
- Hingabe (Weihe) der Gläubigen an Gott
- Hinweis auf die Gemeinschaft der Heiligen
- Gebet um die Wiederkehr des Herrn und die endgültige Offenbarung seines Reiches
- Amen der ganzen Gemeinschaft

- Gebet des Herrn
- Zeichen der Versöhnung und des Friedens
- Brechen des Brotes
- Essen und Trinken in Gemeinschaft mit Christus und jedem Glied der Kirche
- abschließender Lobpreis

- Segen und Sendung

Einfachere Formen
einer evangelischen Abendmahlsfeier

1. Beispiel

Evangelische Landeskirche in Baden: Gottesdienst mit Abendmahl, Liturgie I

(nach dem Fürbittengebet:) Lobgebet (Präfation) mit Eröffnungsrufen – Dreimalheilig (Sanctus) – Einsetzungsworte – [Christuslob] – [Abendmahlsgebet] – Vaterunser – Lamm Gottes (Agnus Dei) – Friedensgruß – Austeilung – Dankgebet – Sendung und Segen.

Liturgie II

(nach der Predigt:) Bußgebet und Gnadenzusage – Lobgebet mit Eröffnungsrufen – Dreimalheilig – Einsetzungsworte – [Christuslob] – [Abendmahlsgebet] – Vaterunser – Lamm Gottes (Agnus Dei) – Friedensgruß – Austeilung – Dank- und Fürbittengebet – Sendung und Segen.

2. Beispiel

Agende für die Evangelische Kirche der Union und die Vereinigte Evangelisch-Lutherische Kirche Deutschlands, Grundform I: Gottesdienst mit Abendmahl (vgl. S. 102 f.), zweite Form*

(nach dem Fürbittengebet:) Vorbereitung – Lobgebet – Dreimalheilig – Vaterunser – Einsetzungsworte – Lamm Gottes – Austeilung – Dankgebet – Sendung und Segen.

*Nach dem Vorbild der Gottesdienstentwürfe Martin Luthers leiten die Einsetzungsworte hier unmittelbar in die Austeilung des Abendmahls über, so daß die Abendmahlsgäste, wenn sie Brot und Wein empfangen, die Stiftungsworte noch im Ohr haben. Deshalb steht das Vaterunser in dieser Form vor den Einsetzungsworten, denen nur das Agnus Dei folgt.

3. Beispiel
Agende für die Evangelische Kirche der Union und die Vereinigte Evangelisch-Lutherische Kirche Deutschlands, Grundform II: Predigtgottesdienst mit einfach gestaltetem Abendmahlsteil

(nach der Predigt:) Abendmahlsbetrachtung (die Gemeinde wird eingeladen, Stiftung und Verheißung des Abendmahls zu bedenken) – Einsetzungsworte – Abendmahlsgebet – Vaterunser – Einladung – Friedensgruß – Austeilung – Dankgebet – Fürbitte und Sendung.

4. Beispiel
Evangelisch-reformierte Kirchen der deutschsprachigen Schweiz, Gerüst eines Abendmahlsgottesdienstes (vgl. Gesangbuch 1998, Nr. 153)

(Der Abendmahlsgottesdienst besteht aus fünf Teilen: Sammlung, Verkündigung, Fürbitte, Abendmahl, Sendung. Die Abendmahlsfeier hat folgende Elemente:)
Zurüstung des Tisches und Einladung – Anbetung und Lob – Abendmahlsbericht – Abendmahlsgebet mit Bitte um den Heiligen Geist, Vergegenwärtigung des Heils, Unser Vater, Friedensgruß – Austeilung mit Gesang und Dankgebet.

Das Feierabendmahl

Schließlich noch die Feier eines »Feierabendmahls«, wie es die evangelischen Kirchentage in zwanzig Jahren der Versuche und der Erprobungen entwickelt haben. Das Feierabendmahl versucht das wirkliche Abendessen, von dem uns die Geschichte von der Stiftung des heiligen Mahls erzählt, nachzuvollziehen. Es eignet sich für besondere Feste, Zusammenkünfte oder Kirchenversammlungen. Als Beispiel innerhalb einer unbegrenzten Breite von Möglichkeiten seiner Gestaltung skizziere ich hier die Form, die im Buch des Evangelischen Kirchentages »Abendmahl, Fest der Hoffnung« (Gütersloher Verlagshaus, Gütersloh 2000, S. 177-190) dokumentiert ist, seiner großen Einfachheit wegen:

- Es beginnt mit einer Einstimmung, einem Lied.
- Es wird eingeladen.
- Es folgt eine Begrüßung, und wieder ein Lied.
- Ein Gebet leitet die Feier ein,
- ihr folgt eine biblische Lesung und eine Anrede, vielleicht durch mehrere der Feiernden, in der Art einer Tischrede.
- Der Tisch ist noch leer.
- Er wird gedeckt. Eine Kerze wird hereingetragen, die »Osterkerze«. Ein Korb mit Brot und eine Schale mit Trauben oder ein Krug mit Wein werden auf den Tisch gestellt.
- Das Brot wird aufgedeckt, etwa mit den Worten: »Christus spricht: Ich bin das Brot des Lebens. Wer von diesem Brot isst, wird alle Zeit leben.«
- Der Wein wird aufgedeckt mit den Worten: »Christus spricht: Ich bin der Weinstock, ihr seid die Reben. Wer in mir bleibt und ich in ihm, der bringt viel Frucht.«
- Die Osterkerze wird entzündet mit den Wort: »Christus spricht: Ich bin das Licht der Welt Wer mir nachfolgt, wird nicht in der Finsternis wandeln, sondern wird das Licht des Lebens haben.«
- Dieser Teil schließt mit: »Christus spricht: Kommt her zu mir alle, die

ihr mühselig und beladen seid. Ich will euch erquicken.«

- Nach einem Lied und einem Gebet folgt das »Sanctus« in einer Form, wie sie unsere Liederbücher vorschlagen.
- Das Vaterunser wird als Tischgebet gesprochen.
- Es folgen die Einsetzungsworte und die Austeilung von Brot und Wein oder Brot und Saft oder Brot und Trauben, verbunden mit dem Friedenswunsch jedes für seinen Nachbarn.
- Danach wird die Mahlzeit aufgetragen und alle Speisen ausdrücklich gesegnet. Es wird schweigend oder im Gespräch gegessen. Wenn schweigend, dann unter instrumentaler Tischmusik.
- Am Ende wird noch einmal der Becher angesprochen: »Christus nahm den Becher, als die Mahlzeit beendet war, mit den Worten: Dieser Becher zeigt den neuen Bund. So trinkt, so oft ihr so feiert, zur Erinnerung an mich.«
- Und der Becher wird herumgereicht mit den Worten »Der Kelch des Segens für dich«.
- Danach folgt ein Glaubensbekenntnis, das so formuliert ist, dass es dem tatsächlichen Glauben der Versammelten Ausdruck gibt.
- Ein Lied und ein Segen schließen die Feier.
- Immer wieder wird dazwischen gesungen. Immer wieder folgen einander kurze Worte, in denen der Sinn dieses Mahls beschrieben wird. Immer wieder ein kurzes Gebet.
- Danach wird der Tisch gemeinsam abgeräumt und es folgt ein offenes, nicht programmiertes Gespräch über irgendein Thema, das den Versammelten wichtig ist und aktuell scheint.

Hier, in der Entwicklung der sogenannten Feierabendmahle, sind wertvolle Anregungen und Vorschläge eingebracht worden, wie das Abendmahl leiblicher, konkreter, gemeinschaftlicher als Mahlzeit mit Christus gefeiert werden kann.

Nachwort

Eines ist gewiss. Abseits aller Schönheit, von allen Liturgien oder von heutigen neugestalteten Feierformen ist das Abendmahl etwas so Einfaches, wie das Evangelium von Jesus Christus in seinem Grunde einfach ist. Das Kunstvolle haben die Christen in zweitausend Jahren immer wieder darüber gebaut. Was Jesus gebracht hat, ist im Grund nur das Bild einer Tischgemeinschaft ohne die Frage, ob die / der eine oder andere für sie würdig sei. Die Zusage einer Heimkehr der Menschheit zu Gott im Bild des gastlichen Mahls. Das Bild einer Menschengemeinschaft im Bild eines gastlich offenen Hauses. Im Grunde gehört zu einem gültigen Abendmahl nichts als die Erinnerung daran, dass Jesus in unsere Mitte kam und mit uns zusammen nach Hause geht. Das Brot gehört dazu und der Wein und ein gastliches Haus an unserem Weg.